子どもを「育てる」
教師のチカラ
POWER OF TEACHERS

達人教師の20代

赤坂真二　岩下　修　陰山英男
菊池省三　金　大竜　佐藤幸司
杉渕鐵良　鈴木健二　俵原正仁
土作　彰　中村健一　深澤　久
深沢英雄　福山憲市　増田修治

「達人教師の20代」編集委員会　編

日本標準

「子どもを育てる」教師のチカラ

達人教師の20代

もくじ

●まえがき●

達人教師たちは、どのようにして達人になっていったのでしょうか。

学びや体験だけでなく挫折すら取り込み、
意味のある塊にしてくれるのは、志です。

赤坂真二

いくら読んでも、参観しても、授業がよくならないのは、
教師の力量を形成する原則やカギを明らかにし、
それを反復練習することを怠っていたからだ。

岩下　修

世の中全体がゆとり教育に流れていくなか、
それとは正反対の実践をしていたのですが、
私は実践を改める気はありませんでした。

陰山英男

5時間ほどかけて「説教」されました。
毎月「説教」をしていただきました。半年続けました。

菊池省三

今、自分のできる精一杯を生きる。
それは、今もずっと、大切にしていることです。

金　大竜

サークルに参加して
自分の授業実践を批判してもらうことは、
大きな刺激であり励みでした。

佐藤幸司

1日24時間すべて
教育に使っていたことは確かです。
コンビニに先駆けて、
24時間営業をしていました。

杉渕鐵良

「誰かに学ぶのではなく、自分たちで学んでいく」
若い頃に身についたこのような姿勢が、
その後の教師人生の基盤となりました。

鈴木健二

観葉植物に代わって
教育書や教育雑誌が本棚を埋め尽くしていったのです。
ほんと、人って変わるものです。

俵原正仁

「ようし！　今度は論文で認めさせてやる！」
と再び闘志を奮い立たせたのを覚えています。

土作　彰

「子どもたちが良くなれば良い方法、
悪くなれば悪い方法」と割り切って、
効果のある指導法を取り入れていきました。
効果のなかった指導法を捨てていきました。

中村健一

「校内研修」を〝自己研修〟化して、
貪欲に学ぶ場にすることです。
難しい事は多々あるけれど、
子ども相手の授業とは別の面で〝鍛え〟られるのです。

深澤　久

教師生活のスタートは劣等感と成長したいという
渇望感でいっぱいでした。毎週のように、
いろいろなサークルに行きまくりました。

深沢英雄

サークル主宰者として誰よりも実践レポートを持って行き、
誰よりも教育書・教育雑誌を読んで
会に臨むようになったのです。

福山憲市

当時自分に課していたのは、
レポートをできるだけ書いて残すことと、
年に1回は、400字詰め原稿用紙で100枚程度の
大型レポートを書くことです。

増田修治

現代の達人15人が、20代の頃どのような授業をしていたのか、
指導力を向上させるために何をしたのか、
代表的な実践はどのようにして生まれたのかを書いています。
20代の教師たちへ。

「若手のころ、私たちも無我夢中だった」

この本の読み方

1
ページめ

達人教師の
20代の写真です。

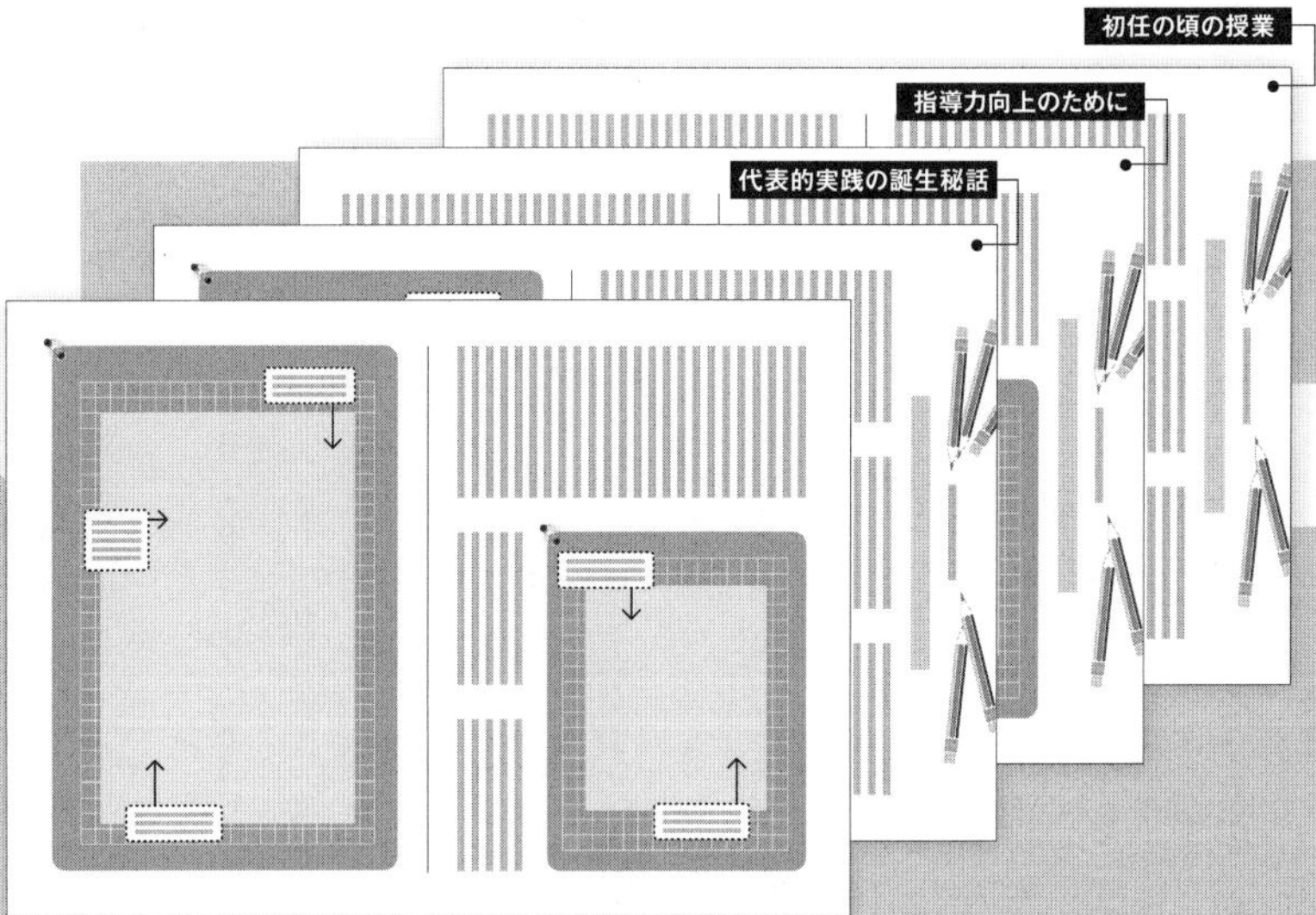

2~9
ページめ

初任の頃の授業の様子
や指導力を向上させる
ためにしてきたこと、代表
的な実践の誕生秘話の
3部構成になっています。

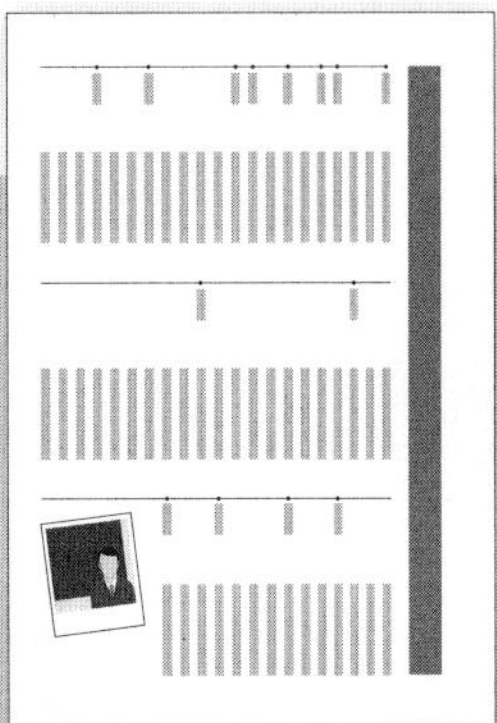

10
ページめ

達人教師の20代か
ら現在までの実践
の節目になった出来
事の年譜と現在の
写真です。

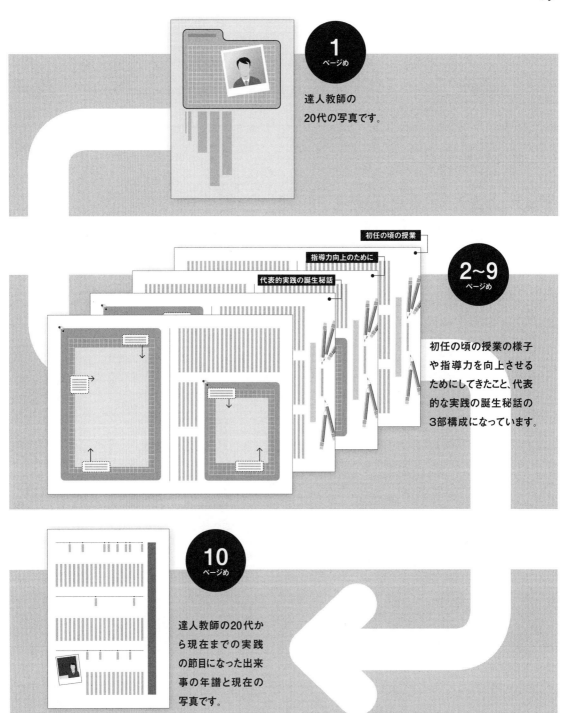

file：001

挫折と焦燥の
日々だった20代

無駄なことは何一つなし すべては志に通じる

赤坂真二
Shinji Akasaka

グループノートと学級通信に見る初任の姿

［初任の頃の授業］

討論への憧れ

初任の頃にすぐに始めたのが、グループノートでした。恩師と仰ぐ橋本定男先生（元上越教育大学教授、特別活動の専門家として活躍）が小学校で私を担任しているときに小集団学習に取り組み、学級経営も4、5人から構成される生活班を基本ユニットにしていたからです（まさか、恩師が公立小学校を退職後に「同僚」になるなんて思ってもみませんでした）。学級担任として、何をしていいかさっぱりわからなかった私は、恩師を模倣して小集団を基盤とした学級をつくろうとしました。

子どもたちは、日記をクラスメートが読むことに対して違和感をもっていたようですが、慣れてくるといろいろなことを書きはじめました。この後この実践が、日記帳や自学帳に発展していきます。グループノートの記述から、当時の私の授業の志向性が見えてきます。ある男子児童の記述です。

> 今までは、恥ずかしかったことがあったと思う。だけど、今日、国語の討論のときでも、女子が手をあげる人がふえた。男子くらいか、それ以上のときもあった。それだけ女子は成長していると思う。これさえできれば全員発言も夢ではない。また、算数のグループ学習で、女子が「考え中」「わからない」と言っていた。でも、そういう人が自分の意見を言った。すごいと思った。3学期になって何かが変わってきた。それは、何だろう。（R男）

現在は自分の主な発信の内容が、学級づくりや話し合い活動に関することなので、「以前から集団づくりに力を入れていたのですか」とよく聞かれます。しかし、多くの初任の教師がそうであるように、明日の国語、算数の授業をどうしようかと悩む毎日だったので、教科指導に強い関心を向けていました。

これを読むと、私が討論の授業を志向していたのがわかります。そして、同時にその頃の学級の様子を垣間見ることができます。授業中は、男子の発言数が多く、女子が控えめで、それを何とかしようとよく声をかけていたようです。また、討論の学習において全員が発言することを夢見ていて、それを子どもたちに強く求めていたこともうかがえます。

一方の発言が少ないと言われていた女子

はどう受け止めていたのでしょうか。

> この頃、発言が多い。男子ばかりではなく女子も発言するようになった。先生があてなくても、自分から発言している。土曜日（当時は授業日）はKさんは、自分で手をあげて発言していた。（Y子）

Kさんは、「場面緘黙の子」として引き継ぎを受けました。彼女が自ら挙手し、小さな声ながら発言をしたときは、周囲も驚いたようです。

子どもたちの笑顔への思い

初任の学級には、算数が特に苦手な女子が3人いました。自分の力不足から、算数の時間になると彼女たちの顔を曇らせていました。それは、まるで子ども時代の私を見ているようでした。私も算数の時間になると手に汗をかき、ひたすらその時間が終わることを待っているような子でした。

そんな彼女たちを算数の時間に笑顔にしたいと考え、行き着いたのが「アドベンチャー算数」と名付けられたゲーム的な要素を含んだ学習です。

左の通信は、そのときの授業について書いた学級通信（4年生）です。1時間目に「ストーリー1」のような話を聞かせました。「魔王にさらわれた女王を救い出すために最短のルートを探してほしい」というものです。また、一斉指導では、彼女たちに負担がかかると考え、課題の解決過程はグループ学習を活用しました。

問題解決の部分は、初任者研修の公開授業でした。大勢の先生方の前で実施する初めての授業でした。教室は緊張感に包まれながらも子どもたちはよく動き、すべての班が問題解決をすることができました。何よりもうれしかったのは、彼女たちが楽しそうに学習していたことでした。

しかし、協議会の最後に教務主任の先生に「楽しい授業でしたが、数のもつおもしろさを学ぶ楽しさではありませんでしたね」と指摘を受けました。的を射すぎていて納得するしかない意見でした。子どもたちを喜ばせることばかりに気を取られ、力を付けることをおろそかにしていました。

それが私の1年目の授業です。

［「アドベンチャー算数」の授業を紹介した学級通信］

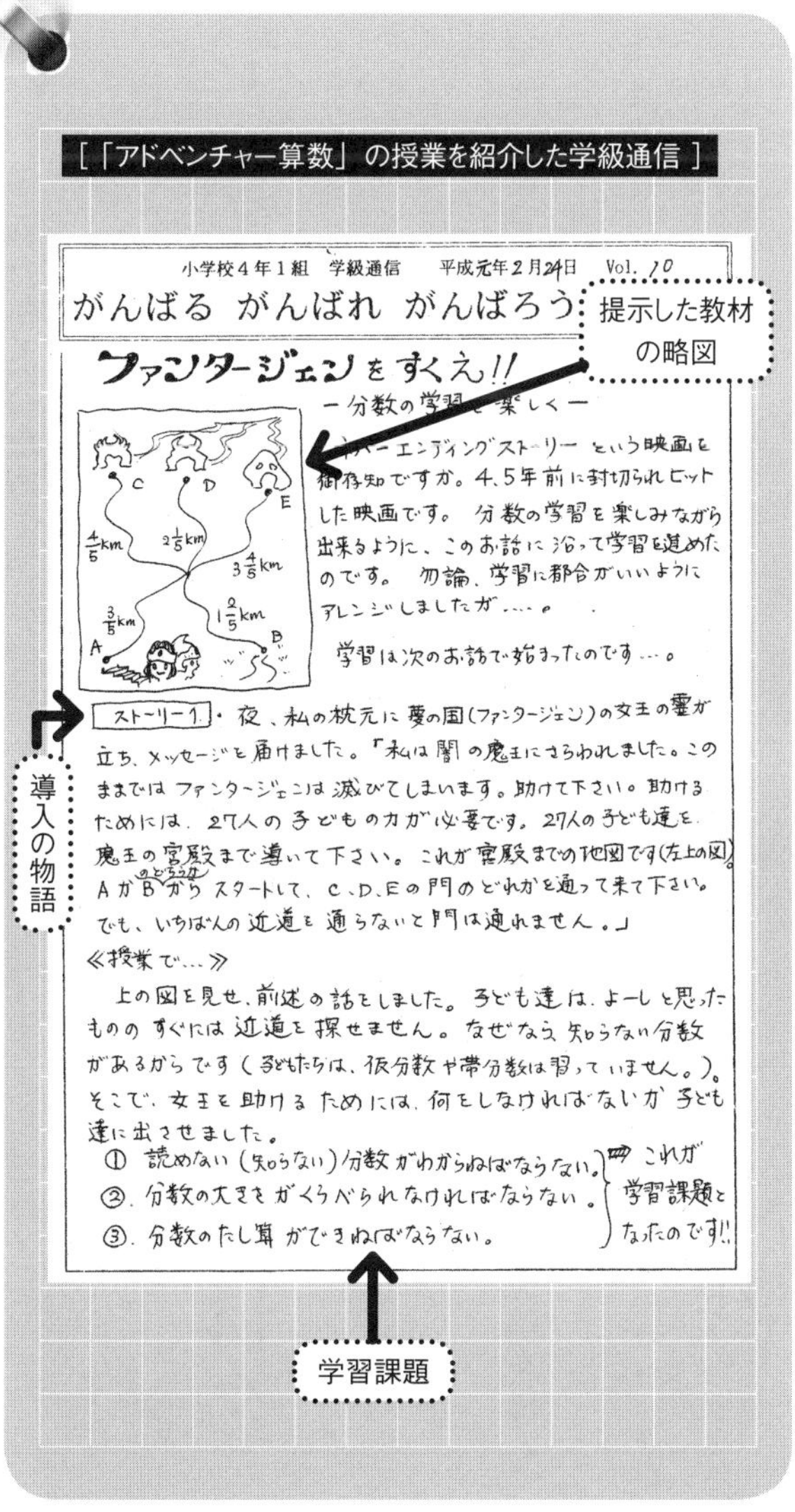

小学校4年1組　学級通信　平成元年2月24日　Vol. 10

がんばる　がんばれ　がんばろう

ファンタージェンをすくえ!!

ー分数の学習を楽しくー

ネバーエンディングストーリーという映画を御存知ですか。4、5年前に封切られヒットした映画です。分数の学習を楽しみながら出来るように、このお話に沿って学習を進めたのです。勿論、学習に都合がいいようにアレンジしましたが……。

学習は次のお話で始まったのです……。

ストーリー1・夜、私の枕元に夢の国（ファンタージェン）の女王の霊が立ち、メッセージを届けました。「私は闇の魔王にさらわれました。このままではファンタージェンは滅びてしまいます。助けて下さい。助けるためには、27人の子どもの力が必要です。27人の子ども達を、魔王の宮殿まで導いて下さい。これが宮殿までの地図です（左上の図）。AかB（のどちらか）からスタートして、C、D、Eの門のどれかを通って来て下さい。でも、いちばんの近道を通らないと門は通れません。」

≪授業で…≫

上の図を見せ、前述の話をしました。子ども達は、よーしと思ったもののすぐには近道を探せません。なぜなら、知らない分数があるからです（子どもたちは、仮分数や帯分数は習っていません。）。そこで、女王を助けるためには、何をしなければないか子ども達に出させました。

① 読めない（知らない）分数がわからねばならない。
② 分数の大きさがくらべられなければならない。
③ 分数のたし算ができねばならない。

これが学習課題となったのです!!

[指導力向上のために]

「何かに取り憑(つ)かれたかのような」追試と挫折の日々

追実践をくり返す

初任当時は、向山洋一氏が提唱する「教育技術の法則化運動」隆盛の真っただ中でしたから、それこそ「何かに取り憑かれたかのように」追実践をしました。

法則化シリーズの本を買いあさり、次から次へと試しました。特に心を引かれたのは国語の「分析批評」の手法を採り入れた授業です。「主人公の○○は、このときどんな気持ちだったのでしょう」などと発問すると、数人の子どもたちが気の利いた意見を言ってくれたり、「お付き合い」してくれたりした子もいましたが、多くは脱落していきました。しかし、嶋岡晨(しん)の詩「虻(あぶ)」において、「話者はどこにいますか」と発問したとき、子どもたちの目つきが変わり、一斉に考えはじめたことを、今でもはっきり憶えています（2年目、5年生）。

その日の感激を次のように学級通信に書いています。

> 今、この日の授業を思い返しても、みんなはすごいな！と思います。相手を論破するためにたった17行からいろんな根拠を見つけてくるのです。

しかし、追試をしてもうまくいくことの方が少なかったです。それは、学級が学習集団として育っていなかったからです。「どんなによい教育プログラムも機能していない集団では起動せず」という現実がよく理解できていなかったのです。一方で、追試をしてもうまくいかない体験の連続が、学級集団づくりに関心をもたせることになったとも言えます。

授業記録としての学級通信を書く

授業をふり返る機会となったのが、学級通信です。手書きだからこそ伝えられることがあるとこだわりました。初任のときは、新採用研修担当の先生の指導もあり、ほとんど出しませんでしたが、2年目からは毎年１００号をめざして出していました。未熟な自分が保護者にできることを考えたときに、まず思いついたのが学級通信でした。当時の私は、「正直に伝えることが保護者への誠意」と思っていました。だから、学級のマイナスの事実もあからさまに書いていました。そうした通信において多くの枚数を割いたのが子どもたちの実名入りの授業記録でした。ほとんど連絡事項は書きませんでした。私の見取った教室の事実を中心に書きました。

　未熟な授業を棚に上げ、子どもたちを注意したことや、最後には「悪いところを直すために総点検中」などと、今ではNGとされるような過激なメッセージを書いていたこともありますが、ほとんどが授業記録です。記録性の高い学級通信を書くことで、事実を再現する力、そしてそれを言語化する力、そして、それらを元にふり返る力を養っていたのではないかと思います。

評価を受ける

　発信するということは人から評価を受けることです。学級通信は、子どもたちと保護者から大変喜ばれました。それがうれしくてがむしゃらに書きました。仕事への姿勢を伝える道具としてはとても有効な方法だと思いました。しかし、肯定的な評価ばかりではありません。ある保護者から、個別懇談会で「通信に出ている名前が偏っている」との指摘を受けたこともあります。

　しかし、それによって、授業で活躍する子が偏っていたことに気づきました。おかげで、自分では明確に意識できていなかった授業の未熟さや保護者の熱い思いを知ることができました。発信することによってたくさんほめてもらいましたが、同時に否定もされました。

メンバーとメンターから学ぶ

　心強い仲間（メンバー）となったのは、3年目と4年目の先輩でした。彼らは私よりはるかに大量の本を読み、はるかにレベルの高い実践をしていました。授業や学級通信を見せ合いました。また、互いの家にレポートを持ち寄り、定期的に実践を批評し合いました。時には朝まで語り合いました。

　研修会に出るにしても多くのお金と時間のかかる地域でしたから、中央で活躍する実践家から学ぶことは難しい環境でした。しかし、校内にとても優れた実践家たちがいました。わからないことはすぐに教えを請いに行きました。地域のナンバーワンとの噂の教師から日常的に助言をもらえたのは幸せなことでした。特に校長先生は地域の図工教育の第一人者でした。図工指導の基礎をたたき込まれました。2年目になって初めて指導した木版画（左）は、校長先生から一定の評価を得ました（5年生）。しかし、校内のメンターたちからは、「お前はだめだ」と言われる日々でした。このときの私は、スマホのようにいつも挫折感を携帯していました。

[5年生の木版画]

［代表的実践の誕生秘話］

試行錯誤が課題意識を研ぎ澄ます

クラス会議に出会うまで

「代表的な実践とは？」とたずねられると、答えにつまりそうですが、強いて挙げるならクラス会議かもしれません。書籍や雑誌での発信の数がいちばん多いからです。

クラス会議とは、理論的な基盤をアドラー心理学に置き、子どもたちが民主的な話し合いを通して、互いの悩みを相談したり、学級の問題を解決したりする活動です。クラス会議は、朝の会や学習時間中などさまざまな場面で実践されますが、私は主に学級活動での実践を主張してきました。

多くの書籍で、子どもたちや学級に好ましい影響を及ぼすことが示されていますが、私たちのチームの調査でも、子どもたちの学級に対する適応感や自尊感情が高まる可能性が確認されています。

しかし、初任の頃の学級通信にはクラス会議という言葉はひと言も出てきません。それどころか、20代に書いた通信のどこを読んでも出てきません。初めてクラス会議という言葉が出てくるのが、１９９７（平成９）年の学級通信ですから、30代に入ってからです。

では、それまで何に力を注いでいたかというと、それは冒頭にも示しましたが、討論の授業であり、道徳の授業でした。道徳は、初任校が県の小学校教育研究会の生徒指導の研究指定を受けていて、そのなかで道徳の授業を提案する部会に所属していました。初任者研修が終わると、公開授業は道徳ばかりになりました。そして、２校目に異動すると初任校での道徳の授業の公開実績から、道徳部に配属され、そこでも道徳の公開授業をしてきました。３校目で公開したいじめに関する道徳の研究授業では、１００人近くの方が見に来ました。子どもたちが本当によくがんばり、不覚にも終末場面では、涙がこぼれそうになり、資料を読む声が詰まってしまいました。

そのまま道徳教師の道を歩むかと思いましたが、翌年にクラス会議に出会いました。そのときに私は気づいたのです。「私がしたかったのはこういう実践である」。そして、

> これまでの実践は、クラス会議に出会う準備だった

と。討論の授業への憧れも、道徳の授業における話し合いも、すべてはクラス会議のような実践を志向するからこそ、魅力を感じてきたのだとわかりました。確かに、討

論の授業や道徳の授業で見せる子どもたちの話し合う姿は凛々しく、心を振るわされるものでした。しかし、心の片隅でちょっとした違和感を感じていたのも事実でした。「何か違う」と。しかし、クラス会議に出会ったときに、「これだ！　これなんだ！」と思ったのです。ただ、それまでの試行錯誤の日々が求める実践への課題意識を研ぎ澄ましてくれたことは間違いありません。

それでは、クラス会議に出会うまでどんな試行錯誤をしていたのでしょうか。2年目の実践に基づき、ふり返ってみたいと思います。

試行錯誤の日々

その頃は、とにかく子どもたちに話し合いをさせたくて躍起になっていたようです。国語の4月の物語教材「その日が来る」（森忠明）で、あるチャレンジをします。それは、「1時間に発問1つ」というものです。発問数を少なくすればそれだけ子どもたちの話し合いの時間が確保できると考えました。

最初の時間は、「ぼくはやかんが好きか、嫌いか」。その次の時間は、「その日が来たか」というものです。子どもたちは、よく考えて学習していたとは思いますが、「女子の意見が極端に少ないこと」「人の意見を聞いて自分の考えを修正できる子が少ないこと」「文章を十分に読み取れていないこと」など課題も多かったです。

初任校は、生徒指導の研究校として、自己指導能力の育成に取り組んでいました。そのためには、学習中における「自己決定場面を設定する」ことを全校で取り組んでいました。討論の授業には、「自分の意見・立場を決める」「交流の中で自分の意見・立場を比較検討する」「交流後に意見を最終決定する」という過程があり、研究の取り組みとしても討論の授業は都合がよかったわけです。しかし、私の討論の授業は、先述したような課題が多く指摘されるものでした。

国語を中心として討論の授業に取り組む一方で、道徳の授業の公開を控え、模索をしていました。当時は、道徳の授業の基本型と呼ばれる指導過程が尊重されていました。「導入―価値の類型化―価値の自覚―終末」というパターンです。「基本型にないものは道徳の授業に非ず」といった風潮もありました。

しかし、当時の私にはこの指導過程に基づく授業で子どもたちの道徳性が高まるとは考えられなかったのです。この年の5月に基本型で授業をしました。しかし、納得のできない授業展開だったためか、授業中に何をやっているかわからなくなり大失敗をして、協議会でこてんぱんに指導されました。

それが悔しくて2回目は、反対もありましたが、自分の納得できる展開で授業をさせてもらいました。「取り得る行為を検討する道徳」と呼ばれる授業です。価値葛藤場面を含む資料を読んだ後、次のように授業は展開されます。

①主人公の置かれた状況を把握する。
②取り得る行為を挙げる。
③取り得る行為を検討する。
④自分が主人公だったらどうするかを考える。

14ページの通信に示したような価値葛藤場面で、どうすることができるか考え、取り得る行為の選択肢を挙げます。そして、

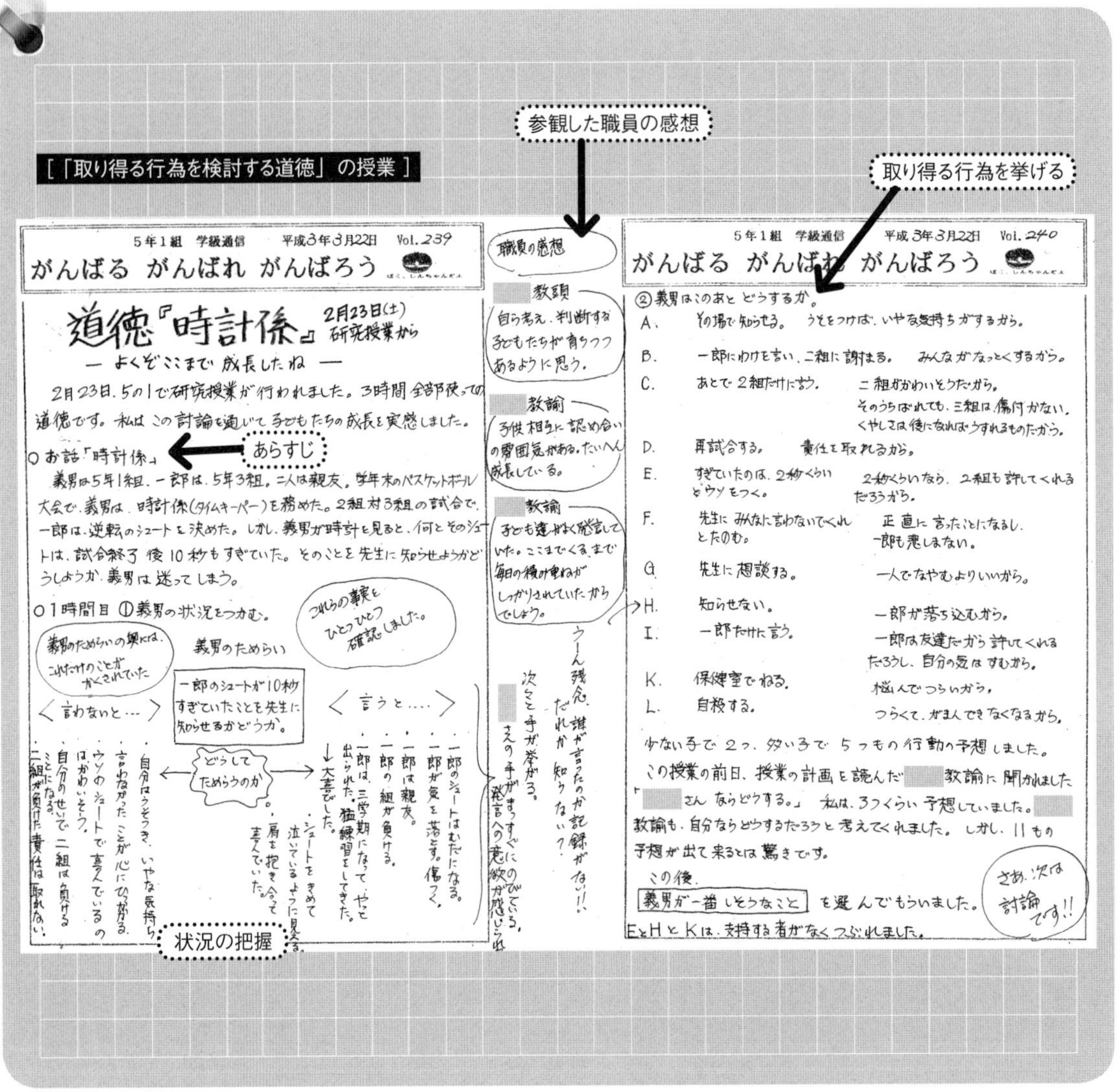

5年1組　学級通信　平成3年3月22日　Vol. 239

がんばる　がんばれ　がんばろう

道徳『時計係』2月23日(土) 研究授業から

― よくぞここまで成長したね ―

2月23日、5の1で研究授業が行われました。3時間全部使っての道徳です。私はこの討論を通じて子どもたちの成長を実感しました。

○お話「時計係」

義男は5年1組、一郎は、5年3組。二人は親友。学年末のバスケットボール大会で、義男は、時計係(タイムキーパー)を務めた。2組対3組の試合で、一郎は、逆転のシュートを決めた。しかし、義男が時計を見ると、何とそのシュートは、試合終了後10秒もすぎていた。そのことを先生に知らせようかどうしようか、義男は迷ってしまう。

○1時間目 ①義男の状況をつかむ。

これらの事実をひとつひとつ確認しました。

義男のためらいの奥には、これだけのことがかくされていた

義男のためらい

一郎のシュートが10秒すぎていたことを先生に知らせるかどうか。

どうしてためらうのか

＜言わないと…＞
・自分はうそつき、いやな気持ち。
・言わなかったことが心にひっかかる。
・ウソのシュートで喜んでいるのはかわいそう。
・自分のせいで二組は負けることになる。
・二組が負けた責任は取れない。

＜言うと…＞
・一郎のシュートはむだになる。
・一郎が気を落とす。傷つく。
・一郎は親友。
・一郎の組が負ける。
・一郎は、三学期になって、やっと出られた。猛練習をしてきた。
↓大喜びした。
・シュートをきめて泣いているように見える。
・肩を抱き合って喜んでいた。

職員の感想

[redacted]教頭
自ら考え、判断する子どもたちが育ちつつあるように思う。

[redacted]教諭
子供相互に認め合いの雰囲気がある。たいへん成長している。

[redacted]教諭
子ども達がよく発言していた。ここまでくるまで毎日の積み重ねがしっかりされていたからでしょう。

[redacted]
次々と手が挙がる。
その手がまっすぐにのびている。
発言への意欲が感じられ

うーん残念。誰が言ったのか記録がない!!
だれか知らない？

5年1組　学級通信　平成3年3月22日　Vol. 240

がんばる　がんばれ　がんばろう

②義男はこのあとどうするか。

A.	その場で知らせる。	うそをつけば、いやな気持ちがするから。
B.	一郎にわけを言い、二組に謝まる。	みんながなっとくするから。
C.	あとで2組だけに言う。	二組がかわいそうだから。そのうちばれても、三組は傷付かない。くやしさは後になればうすれるものだから。
D.	再試合する。	責任を取れるから。
E.	すぎていたのは、2秒くらいとウソをつく。	2秒くらいなら、2組も許してくれるだろうから。
F.	先生にみんなに言わないでくれとたのむ。	正直に言ったことになるし、一郎も悲しまない。
G.	先生に相談する。	一人でなやむよりいいから。
H.	知らせない。	一郎が落ち込むから。
I.	一郎だけに言う。	一郎は友達だから許してくれるだろうし、自分の気はすむから。
K.	保健室でねる。	悩んでつらいから。
L.	自殺する。	つらくて、がまんできなくなるから。

少ない子で2つ、多い子で5つもの行動の予想しました。

この授業の前日、授業の計画を読んだ[redacted]教諭に聞かれました「[redacted]さんならどうする。」私は、3つくらい予想していました。[redacted]教諭も、自分ならどうするだろうと考えてくれました。しかし、11もの予想が出て来るとは驚きです。

この後、義男が一番しそうなことを選んでもらいました。

EとHとKは、支持する者がなくつぶれました。

さあ、次は討論です!!

その後、「その行為を取ったらどうなるか」を予想することで、よりよい行為を選択します。この指導過程によって、より適切な判断をして行為の選択をする力を育てることをねらったものです。

子どもたちの内面の育ちを問うものですから、基本型と比べてどれくらい効果的なのかは判断しにくいところがあります。しかし、授業後に書かれた子どもたちの反応からは、基本型の授業のそれよりはずっと現実的な判断が示されていることを見取ることができました。

心情を扱うことを得意とする基本型の授業とは、そもそも比較すること自体が誤っているのかもしれません。しかし、少なくともこのスタイルにしてから子どもたちは道徳の授業を楽しみにするようになりました。授業を参観した先生方からは、「自ら考え、判断する子どもたちが育ちつつあるように思う」「子ども相互の認め合いの雰囲気がある。大変成長している」「あれだけアップテンポの討論に集中できる。これはすごい」などのコメントをもらいました。

特にうれしかったのは、前回の授業でキツい指摘をしてくれた教科指導部の主任の先

生から「よく勉強されていますね。とっても勉強になりました」との言葉をもらったことが何よりもうれしかったです。この日の授業では、ほとんどの子どもたちが挙手して発言したり、人の発言を聞いて自らの意見や立場を変えたりする姿を見ることができました。

　この後、私は「取り得る行為を検討する授業」を公開する機会を多くいただきました。この授業は自分にとって、自信をもって実践することができる授業の一つです。その一方で、こうした授業が子どもたちにどんな力をつけているかという疑問が膨らんでいったのも事実でした。そんなときに出会ったのがクラス会議でした。教師になってから10年が経っていました。

志がすべてを統合する

　クラス会議は、「ドッジボールのルールを守らない人がいる」など学校生活上の諸問題を話し合ったりもします。「朝、起きられなくて困っている」など、個人的な悩みを相談し合ったりもします。そんなありふれた問題をくり返し、話し合います。しかし、話し合いっぱなしにはしません。話し合ったことを次の週に、ふり返ります。「うまくいっているか、うまくいっていないか」「うまくいっていないなら、どうするか」などです。

　クラス会議をくり返すうちにある変化が起こります。子どもたちがクラス会議の時間を楽しみにするようになり、指示もしないのに、クラス会議の時間にはクラス会議の隊形になっていることがあります。学習中の発言が増え、子どもたちの集団に対する協力的な行動が増えます。「あれやりたい、これやりたい」という提案が聞かれるようになり、そこそこのトラブルは自分たちで解決してしまうようになります。

　その姿を見て、確信しました。私が渇望するように求めていたのは、

子どもたちが自らの手で生活改善をする姿

でした。それは恩師橋本先生が、見せてくれた世界でした。

　橋本学級で学びました。「自分の力で人生の在り方は変えられる」、私はそのことを子どもたちに伝えたくて、教師になり、討論や道徳の授業をしてきたのです。クラス会議のシステムは、「取り得る行為を検討する授業」とよく似ています。クラス会議でも、問題に対して最初は解決策の選択肢をつくります。そして、そのなかからもっとも望ましい解決策を選びます。そのときに活用する思考法が「その行為を取ったらどうなるか」です。教科指導で行った討論の授業は「取り得る行為を検討する授業」の基盤となりました。「取り得る行為を検討する授業」は、クラス会議と思考法を共有していたのです。

　クラス会議は教師になって10年目から実践を始めたものです。しかし、それを実践する準備は新採用の頃から脈々と進められていました。試行錯誤やインプットを続けるなかで、自分の志に触れ、それを具現化する考えや方法論と出会ったときに、一気に実体化するのではないでしょうか。

　「学んだことややってきたことに無駄なことは何一つなし」とは、よく言われることです。学びや体験だけでなく挫折すら取り込み、意味のある塊にしてくれるのは、志です。今、それを実感する日々です。

年譜

—赤坂真二—

1989年（24歳）　小学校教諭になる。

1990年（25歳）　「取り得る行為を検討する」道徳授業を始める。

1994年（28歳）　橋本定男氏に学ぶ会（有志の会）に参加し、サークル活動を本格的に始める。

1998年（33歳）　クラス会議を始める。有志の会のメンバーが中心となり、自主セミナー「スローなバージョンアップセミナー」を立ち上げる。

2001年（36歳）　上越教育大学大学院に派遣される（2003年3月まで）。修士論文題目「アドラー心理学に基づくクラス会議の効果」。

2003年（38歳）　土作彰氏と「学級づくり改革セミナー」を立ち上げ、講演活動を始める。

2004年（39歳）　『学級指導困ったときの処方箋——先生のタイプ別アプローチ』刊行。堀川真理氏と「地元への学びの還元」を目的に「先生のためのとっておきセミナー愛と勇気のチカラ」を立ち上げる。

2005年（40歳）　『小学校高学年女子の指導——困ったときの処方箋』刊行。

2006年（41歳）　『困った児童への言葉かけと指導』刊行。

2008年（43歳）　『友だちを「傷つけない言葉」の指導——温かい言葉かけの授業と学級づくり』『〝荒れ〟への「予防」と「治療」のコツ——学級づくりの基礎・基本』『小学生の問題行動こうすれば大丈夫！——朝の会から放課後まで』刊行。上越教育大学大学院学校教育研究科准教授。

2009年（44歳）　『自立論——子どものやる気を引き出す親になる』刊行。

2010年（45歳）　『先生のためのアドラー心理学——勇気づけの学級づくり』刊行。

2011年（46歳）　『教室に安心感をつくる——勇気づけの学級づくり2』『「気になる子」のいるクラスがまとまる方法！』『スペシャリスト直伝！　学級づくり成功の極意』刊行。

2013年（48歳）　『ほめる叱る教師の考え方と技術——何のために・何を見て・どのように』『スペシャリスト直伝！学級を最高のチームにする極意』

2014年（49歳）　『赤坂真二　エピソードで語る教師力の極意』刊行。『赤坂版「クラス会議」完全マニュアル——人とつながって生きる子どもを育てる』『いま「クラス会議」がすごい！』刊行。

●あかさか・しんじ●
1965年新潟県生まれ。
上越教育大学教職大学院准教授。

file：002

子どもたちの驚く顔を
見るために奮闘した20代

修業前のスタートライン
―意識したい授業技法の身体化―

岩下　修
Osamu Iwashita

小学校教師の魅力に引き込まれ……

［初任の頃の授業］

「学び」の始まり

昨年、京都で行われた日本言語技術教育学会で「ごんぎつね」の模擬授業をした。授業が終わった後、授業に参加していた女性の先生が、「岩下先生！」と声をかけてくれた。「えっ……」。なんと、新卒のクラスで担任したMさんだった。今は、静岡で教師をしているという。その瞬間、40年前のことがよみがえった。

4年生でMさんたちを教えたその1年は、私の人生の大きなターニングポイントになった。その子たちのおかげで、私の「学び」は、やっと始まったのである。

初任の1年間。子どもたちの熱いまなざし、笑顔、驚きの表情に囲まれ、毎日が新鮮、毎日が前進、毎日が幸せであった。

当時は、週6日制、空き時間はゼロ。それでも、なんとも思わなかった。なにせ、子どもたちと共にいること自体がうれしいのだから。

「目の前の子どもたちを喜ばせたい。あっと驚かせたい」ということだけを考えていた。毎日、ノートに「作戦」を筆記して、授業に臨んだ。今思うと、なんと準備不足の「作戦」だったことか。当初は、発問という用語も知らなかった。技術という言葉に嫌悪感さえもっていた。教育の世界にそぐわないのではと思っていた。

社会科の教師？

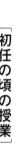

大学では、社会科を専攻していた。小学校でまず目に入ったのは、中学年の社会科ワーク。郷土の学習がしやすいように、作成されたものだ。絵や図表等の資料があり、解説がある。同じページに、まとめる欄がある。解説をそのまま抜き書きすれば終了である。思考する場がない。これでは、面白い授業ができないと思った。

かくして、授業の準備は、教材づくりに目を向けることになる。「低い土地のくらし」の学習では、木曽三川（きそさんせん）の下流部に出かけた。車がなかったので、文字通り、足を使った教材研究だった。当時は、まだたくさんの水屋が残っていた。興奮しながら、たくさんのスライド写真を撮ってきた。公害真っ盛り、亜硫酸ガス漂う四日市にも出かけた。自分で歩き、撮影して作った〝教材の力〟で授業は成立していたのだ。

2年目も4年生を担当。名古屋市内の学校であったが、周りには、まだ田畑が広がり、農家の立派な建物が目立っていた。明らかに農業が消滅しつつある地域であった。地元の農業を取り上げようと思った。「なぜ、農家の家は立派で大きいのだろうか」という問題を投げかけた。これをきっかけに、14時間に及ぶ授業。子どもたちと農家を訪問した。アンケートをとったりした。調べるほど生まれてくる疑問。その解決のためにまた調べる。私は、子どもを引き連れ、地域を回り、夢中で授業を進めたのだった。教育研究集会で発表したことがきっかけになり、ある教育雑誌に、「地域だけの問題じゃなかった――農業消滅化地域で進めた4年生の農業学習」というテーマで掲載された。13ページに及ぶもので、大学の卒論のようであった。

3年目は3年生。思い出すのは、やはり農業の授業。「なぜ、用水の取り入れ口が、上流にあるのだろう？　もっと近くに作ればいいのに」。こんな「ゆさぶり課題」を投げかけた。子どもといっしょに取り入れ口を探しに出かけた。そして、「上流にあるから、多くの田へ水を運ぶことができる」ことを、農家の人に頼んで話してもらった。「農家の人の知恵」に、私自身が感激したものだった。

作文・歌・表現

一方、国語の授業に目を向けるようになっていた。

3年目の「てぶくろをかいに」の指導案が出てきた。研究授業をしたようだ。指導案の最後に、資料として「発問とは何か」についてまとめている。斎藤喜博氏や田村省三氏等の言葉の引用もある。教師の指導言にも目を向けはじめていたようだ。

作文、日記や詩を毎日のように書かせ、学級通信、文集に掲載した。「戦争の頃の生活」を書いた親や祖父母の作文集なども作った。当時の日記を見ると、題がついている。当時実践されていた「テーマ日記の指導」に学んだのだろう。

1年目より2年目、2年目より3年目と、年度が変わるたびに、まるで倍々ゲームのように、よい授業ができ、よい教室ができたような気になっていた。教師として前進している気になっていた。

新卒で採用された学校の勤務は、6年間で終了する。その最後の年の3月。保護者参観で、学級お別れ会を実施した。卒業式のつもりで行った。3年、4年の2年間の生活を素材にした共同制作の絵を教室いっぱいに飾った。2年間の生活を、歌とよびかけで構成。歌は、「一つのこと」「チポリーノの冒険」等を歌っている。群馬の斎藤喜博校長が実践された島小学校の卒業式の真似をしている。歌は、やはり群馬の丸山亜季さんの歌ばかりである。丸山さんの歌は、たちまち子どもの知と意を引き出す。教師になって5年目、6年目、群馬の実践に引きつけられていった。

お別れ会のなかで、今でも思い出す場面があった。ある部分をFさんがひとりで歌うことになった。ところが、急に声がかすれて出なくなった。その瞬間、私のひと言で他の子たちが、一斉に歌いはじめたのである。Fさんの声が出はじめると、他の子たちは歌うのをさっと止める。それをくり返しながら終了。涙、涙のFさん。2年間の子どもたちの生活を物語る一瞬。みんな泣いていた。

もともとは、中学の社会科教師を希望していた。偶然、小学校に配属された。あっという間に、小学校の魅力に引き込まれていった。

歩くほどに見えてくる果てのない修業の道

〔指導力向上のために〕～〔代表的実践の誕生秘話〕

教育書・研究会・学校訪問

とにかく、実践記録を片っ端から読んだ。そして、思うようになった。「今、日本で行われている最高の実践を見てみたい」

時間を見つけては、各地の学校の公開研究会、研究大会等に参加した。

そんな中で、船戸咲子先生が、京都の城陽市で話をされるということを知った。船戸先生のことは、先に紹介した斎藤喜博氏の著書で、島小学校におられたことを知っていた。

船戸先生は、講座の冒頭で、「子どものことなら話せるから……」というようなことを言われ、「○○ちゃんがどうした」とか子どもの姿を語られた。語り口や芯のある声、ちょっとした仕草にも魅了された。最後に、聞かせてくれた2年生の歌に衝撃を受けた。「うんくつてんつくおれのつく……」というさるかに合戦のなかの歌を歌う子どもたち。録音テープを小さなプレーヤーでかけただけの歌なのに、知と意が見事に伝わってくるのだった。こんな子どもの姿が、日本のなかにあったのか。船戸先生と船戸学級の子どもたちとの出会いも、教師生活の大きなターニングポイントとなる。

教師像・子ども像

2校目で待望の高学年。ところが、新卒時代のようなエネルギーを引き出すことができない。1時間の授業、授業の展開、授業の技に目を向けざるを得なかった。

そんな折、船戸先生のご好意で、先生の学級へ訪問することになった。2日がかりで、2年生の子どもたちの国語の授業や歌、ダンスを参観させてもらった。小さな2年生。活動が始まると、神がおりたかのように変身。そして、その瞬間の先生のひと言でさらに変わる子どもたち。その姿の大きく見えたこと。数年後、船戸学級6年生の卒業式にも参加させていただいた。すごい子ども像がくっきり刷り込まれた。「子どもが自分を出す」とはこういうことか。そのためには、教師は、瞬間的に子どもに対応して次の一手を出さなくてはならない。

しかし、船戸先生の身振りや語り方を真似しても、授業は急には変わらない。今、わかる気がする。船戸先生が身体化した技法は、修練することでしか身につかないということなのだ。

いくら読んでも、参観しても、授業がよ

くならないのは、教師の力量を形成する原則やカギを明らかにし、それを反復練習することを怠っていたからだ。

結果的に、20代から30代前半で、多少とも反復的に練習し技の身体化につながったといえるのは音読だ。国語の時間、毎時間のように、子どもたちのまわりを歩きながら、リラックスして音読できる方法を身につけていた。

技術・技法・原則

30代の半ば。なかなか授業が上達できないと彷徨(ほうこう)していたときだった。向山洋一先生と出会った。「どんな名人芸に見える教師の技も、結局は、蓄積された技術の瞬間的発揮である」。向山先生のこのひと言にどれだけ救われたことか。法則化運動で、さまざまな教材の具体的な展開の方法や発問が次々と報告された。またまた新たなターニングポイント発生。中心発問を核にした授業の型を学んだ。発問・指示の大切さを学んだ。

あるとき、物語の教科書に段落番号をつけさせた。「物語を2つに分けるとすると、何段落の前ですか」とか、「主人公の心がいちばん大きく変化するのは何段落ですか」という問いが可能になった。「何段落に賛成です」とか「反対です」とか、段落番号を検討すればよい。急に授業が展開するようになったのである。小さな技術のもつ大きな力に驚いた。30代の半ばでやっと読解の授業ができるようになったのだった。

雑誌に原稿を執筆する機会も多くなった。私は、自分のために、読んでくださる方のために、授業や体験をひたすら原則化することをしていった。この姿勢は今に至るまで続いている。テーマを与えられ、指定字数で原稿をまとめる作業により「筆記することで思考する」という方法は技化したようだ。

教師として修練しなくてはならない基本技がまだまだある。その技を明らかにするだけでなく、それを身体化する修練方法を提案する必要がある。私の修業は、まだまだ現在進行形である。

指示の明確化で授業はよくなる

法則化合宿で論文を検討したときだった。論文の検討中に、「指示」という言葉を普通に使っている人がいた。私の使い方とは違っていた。一方で、教師の指導の言葉を全部含めて、「発問」という人もいた。

発問と指示はどう違うか調べてみた。指示について書かれた書物はほとんどなかったので、まとめてみた。市の論文コンクールに出してみたが落選。法則化合宿の論文審査に持っていった。審査の一番最後に、向山先生が、この論文を全部読むように言った。原稿用紙15枚全部読んだ。みんなじっと耳を傾けてくれた。しばらくして、『授業研究』誌に「指示」の特集が組まれ、その巻頭論文をまとめた。「発問のない授業はあるが、指示のない授業はない」「指示がないように見えても、かくれ指示が働いている」等、問題提起した。これを単著にまとめた。『「指示」の明確化で授業はよくなる』が誕生する。

AさせたいならBと言え

2校目で、すぐに30代になり、体育主任になった。「えっ、体育主任！」。毎日のように朝礼台に上がり、朝の体操の指導から運動会の指導まで、9年間にわたって「体育の先生」だった。しかし、おかげで、私は、教師の指示について学ぶことになる。少し言葉を変えただけで、美しい動きになる。知的な表情が生まれる。子どもが機能的で美しい姿になるときの言葉かけには、どこか共通項があると思った。

雑誌『教室ツーウェイ』が創刊されることになった。合宿で、掲載原稿が検討されることになった。私が持っていったのが、「AさせたいならBと言え―しつけの言葉の原則―」である。私の順番になった。タイトルを読んだ瞬間に「特Aです」という向山先生の声が聞こえてきた。『教室ツーウエイ』が創刊され、原稿が載った。この連載は、3回か4回で打ち切りとなった。が、この原則は、「しつけの言葉」に限らないと思った。「授業の発問・指示の原則としても活用できる」。さらに一般化して、子どもの「心を動かす原則」として、単著を執筆することになった。「AさせたいならB」の事例を集めていった。すると、今度は、Bの言葉の共通項が気になった。Bの言葉は、「ゆれのないモノを提示した言葉」であるとした。誰の頭に入ってもゆれのないモノとして、「人、物、音、数、色」を示した。執筆当初には、考えてもいないことだった。筆記することで、思考が開始し、原則が見えてきたのだった。

A、Bの符号化は、シンプルでわかりやすいようにしたものだった。

もし、体育主任をしていなかったら……、あの論文審査に持っていかなかったら……、『AさせたいならBと言え』は生まれなかったかもしれない。

上達論のある指導案づくり

校内で研究主任になり、授業研究を推進することになった。授業の骨格がひと目でわかる指導案、授業者が自分の授業をイメージしやすい指導案づくりを提案した。教師の働きと子どもの活動を左右に分け、中心になる発問・指示を枠で囲み、中央に入れる形である。私のオリジナルというより、全国から集めた指導案をもとに作成した。「指導上の留意点」という曖昧な言葉をやめ、「教師の活動」（教師の働きかけ）と「児童の活動」（子どもの反応予想）にした。

この指導案を書くことで、発問・指示が明確になり、授業の骨格が明確になる。授業の展開も意識することになる。つまり、この指導案づくりにより、授業の型を身につけることができる。「上達論のある指導案」として、全国に広まった。

自学のシステムづくり

30代の後半だった。新しく担任した4月。子どもたちが、自由帳を持ってきた。前年からしてきていたのだろう。大半が漢字と計算、中には、市販の参考書をしてきている子もいた。正直、見るのが億劫（おっくう）だった。授業では知的な姿を見せる子どもたちだった。

あの自由帳をなんとかすることはできないか。せっかくなら、家でも知的な学習をしてきてほしいと考えた。次のような基本の型を示した。

①自由帳でなく、自学帳とする。自分で学ぶ力を身につける学習である。
②学習内容は、先生が作るメニューから選ぶ。
③ノートは見開き2ページする。
④ノートには、学習テーマを書き、番号をつける。

まだ、誰もしたことがなく見本がない。私の娘がちょうど4年生だった。右の①～④の形で、ノートに書かせた。それをモデルにして、クラスの子どもにさせた。

自学メニューの内容が、勝負だった。メニューをA、B、Cに分けた。

- ●Aメニュー　思考を要するテーマ
- ●Bメニュー　練習を要するテーマ
- ●Cメニュー　ふり返り的なテーマ

自学メニューを、次々と出していった。毎日、全員の自学帳に赤ペンを入れた。自学発表会をした。「今日のメニュー」を小黒板に書くことをした。メニューを、係の子どもたちが書くようになった。自学システムは、どんどん発展していった。

家庭においても、驚くような知的学習が生まれた。従来の自由帳と違うのは、編集的知的作業が生まれるという点だろう。

この自学システムは、雑誌に3年間にわたり、連載されることになる。その後、自学三部作として出版。

全国で行われている自学の取り組みの原型となった。自学帳の実物が、手元に残っている。その知と意のすさまじさは、今も見る人たちを圧倒する。

表現活動による授業・学級づくり

40代になり、学年1クラスの小規模校に入った。その学校には、音楽集会があった。私は、表現集会にすることを提案し、その担当者になった。

毎週、各学年が輪番で発表していく。音読、歌、調べたこと、社会見学の報告等、なんでもいい。他の学年の発表が、教師にも、子どもにも影響する。輪番制の教育力である。全校の子の表現力は、急激に上達した。

年に一度、表現集会の総決算として、保護者を呼び、学習発表会をした。知的な授業、「自学」にも力を入れていたが、子どもの表出・表現欲求を満たす表現活動を重視した時期だった。

新卒以来、子どもの知を引き出す歌を求めてきた。私のクラスは、常に歌のある教室だった。この時期になり、自分で作曲することになった。作曲家の熊谷（くまがい）賢一氏に作曲を学んだ。卒業式や行事では、自作の歌を歌った。立命館小学校に赴任してからも、担任していた4年間、教室には歌があった。

日本語力を高める音読教材・指導法

立命館小学校では、「脳の活性化」を図るため、音読モジュールタイムが設けられた。リズミカルでテンポのある詩歌に加えて、漢詩、論語等の文語文も集めた。子どもたちに指導して驚いた。豊かに発声できる子、身体を使ってリズミカルに音読できる子が何人かいた。今まで味わったことのない音読がクラスから生まれた。脳の活性化だけでなく、日本語の響き、論理等を、身体で身につける格好の場になると思った。

子どもたちの音読を聞いた他校の先生方から、指導の要請がきた。詩歌や文章の音読方法の基本を考えた。「岩下の音読指導は、まるで歌の指導」と今でもいわれる。

確かに拍を考え音読している。谷川俊太郎氏も言っている。「詩は歌であり、歌は詩である」と。私の音読指導については、『教師のチカラ』誌上で「日本語力を高める音読教材&指導法」として3年間にわたって連載した。付録のCDに音声も入っている。参照していただければ幸いである。

南吉原作「権狐」のテキスト化

「ごんぎつね」の授業は、新卒以来延べ20回くらいしてきた。そのたびに、気になる箇所があった。

「ごんはほっとして、うなぎの頭をかみくだき、」という表現だ。なぜ、「かみくだ」く必要があるのか。南吉がノートに残した自筆『権狐』を見てみた。すると、次のようにあった。「権狐は、ほっとしてうなぎを首からはなして、……」とある。「かみくだ」いていないのである。そして、その次にある文が目に入った。「うなぎのつるつるした腹は、秋のぬくたい日光にさらされて、白く光っていました。」原作には、ごんの心情を反映する見事な情景描写があったのである。

南吉原作を全部調べてみた。原作では、場面三の最後で、「権狐は、もういたずらをしなくなりました。」とある。この削除は重大。最後の場面には、「権狐は、ぐったりなったまま、うれしくなりました。」とごんの心情が書いてある。教科書の「ごんぎつね」は、雑誌『赤い鳥』に掲載されたとき、大幅に添削されたものである。南吉原作は、〝草稿〟ではなく、南吉の思想が整合的に組み入れられているすばらしい作品であることを知った。

現代仮名遣いに直したテキストを作り、立命館小学校の4年生に対して、「二つのごんぎつね」を読み比べる授業をした。その後、室田里香さんに挿絵をお願いし、2013年、南吉生誕100年の年に、『南吉オリジナル版ごんぎつね』が完成したのだった（ネットでテキスト入手できます。「朝日新聞で紹介された南吉オリジナル版ごんぎつね」と入力検索してください）。

なんとしても南吉の書いた『権狐』を明らかにしたいと、南吉の自筆にあたり、両者の違いを検討しているときは、社会科を専攻していた頃の自分が出ていたようだ。

思考力を高める作文指導法

新卒以来、ずっと、作文を書かせてきた。「テーマ日記」「生活ノート」「学校生活日記」「授業日記」「発見日記」等々。先に紹介した「自学」の中心テーマも、「何かについて書くこと」であった。「書くことによって思考が始まる。思わぬ発見もある」という思いが、根幹にあるからだろう。

作文指導の突破口になったのは、市毛勝雄氏の「まとめは、なかの共通項」である。なかで書いたことを言葉で「束ねる」ことで、帰納的思考が働く。言葉を組み合わせ文を作る。これで、新しい思考が獲得される。

この市毛氏の方式を、「説明的作文」と位置づけた。その一方で、起承転結と物語性をもたせたものを「物語風作文」とした。この作文は、会話からスタートさせる。この方法によって、知覚を促す描写的な筆力が身につく。

その両方を選択して書くことができる特製作文用紙を作成した。この特製用紙を使って、大量の作文＝思考が生まれた。

詩の授業方法の開発

野口芳宏氏の「うとてとこ」の詩の授業を追試したとき、詩の授業の面白さを知った。いつかこのような授業をしたいと思った。与田準一氏の「わたしは見た」を読んだとき、一連が「春のおかでわたしは見た。しずかに燃える太陽を、草がつけた小さな花を。」二連が「夏のおかでわたしは見た。夕だちのあとのニジの橋を、草に光る雨のしずくを。」である。春、夏ともに、2行目が遠景の自然、3行目が近景の草に関わるもの。それを見つけさせる。そのうえで、三連、四連の詩の言葉を考えさせていく。中学年、高学年、大学、先生方への模擬授業。どこでやっても、同じような知的な展開になった。立命館小学校と交流している北京大学附属小学校でもした。通訳に入ってもらい、中国語の板書は、現地の先生にお願いした。やはり、同じように面白く展開できた。後で、参観していた中国の先生が言った。「私もあのような授業がしたいです」

前半で構成を検討し後半で予想するという手法を使って、他にも、「私たちの星」「うんとこしょ」「ほほえみ」等で面白い授業ができることがわかった。小出し方式でなく、詩全体を提示した場合は、「なかま外れの連」を検討することが有効である。

言語活動の推進が叫ばれている今、たった1時間で面白い読解が生まれる詩の授業は、最高の言語活動であると考えている。

国語授業のシステム化

立命館小学校へ赴任して、国語を担当するようになった。これが、またターニングポイントに。国語の指導システムゼロからのスタート。1年目から公開研究会をした。とにかく授業を、子どもたちを見てもらった。2年目から授業の後に分科会をもった。国語授業の取り組みを紹介した。毎年、授業システムを整えていった。開校以来9年たち、「立命館小学校国語授業システム」として提示できるまでになった。日本語力を育てる音読活動、授業のすべての場を知的にする読解活動、三つの型による作文指導、そして入力と出力のバランスを考えた漢字学習。短期間でシステム化できたのは、国語授業者として専念できたことが大きい。また、新卒以来の実践と学びを活用できたこともある。立命館小学校のシステムは、「高学力を支える国語の授業」として「全国名門小・中学校5選」に紹介された（『総合教育技術』２０１４年11月号増刊）。

40年にわたる実践を振り返って思うのは、その大半が、たまたま私が置かれた場のなかで偶然スタートしたものということだ。校内の校務分掌であったり、原稿の依頼であったり。はじめは、「ウーン、ちょっと大変そう」という仕事も多かった。でも、それを引き受けることで思考が生まれ、思わぬ世界が広がった。いつかきっと自分のしたい仕事がやってくる。そんなことも思った。そして月日がたち、本当に自分のしたい仕事が、近づいてくるようになった。今、私は、自分に必要な仕事ばかりをしている気になっている。何をしたら修業できるか、入り口がやっと見えてきた。「手遅れ」を通りこした年齢であるが、ここいちばん開き直り、もう少し修業していきたい。同行者、大いに歓迎いたします。ぜひごいっしょに。

年譜

岩下 修

1973年（23歳） 名古屋市立の小学校に赴任。初年度から研究会に参加。30代中盤まで、さまざまな会で学ぶ。

1975年（26歳） 『生活教育』誌に「地域の農業」の実践掲載。

1978年（29歳） 船戸咲子先生の講座に参加。子どもの歌声に衝撃を受ける。

1979年（29歳） 『生活教育』誌に「学級お別れ会の取り組み」を掲載。2校目の小学校に赴任。体育主任を9年間務める。

1982年（33歳） 群馬県の船戸学級訪問。

1984年（35歳） 新潟大附属小で大森修氏の授業参観。向山洋一氏に出会う。

1985年（36歳） 法則化運動始まる。

1986年（37歳） 『授業研究』『現代教育科学』『学級経営』等に論文掲載。以降、今に至るまで、明治図書刊行の教育雑誌に800本あまりの論文掲載。

1987年（38歳） 『「指示」の明確化で授業はよくなる』出版。

1989年（39歳） 『AさせたいならBと言え――心を動かす原則』出版。

1991年（42歳） 『上達論のある指導案の書き方』（向山洋一氏との共著）、『指導案づくりの技術』出版。

1992年（43歳） 『自学のシステムづくり』出版。

1993年（44歳） 『自学力を鍛える基本テーマ事例集』出版。

1997年（48歳） 『「自学」で子どもが変わる』出版。

1999年（50歳） 『教師の言葉が生きる瞬間』出版。

2004年（55歳） 『学ぶ「からだ」を育てる――表現で学級・授業をひらく』出版。

2006年（56歳） 名古屋の公立校全5校を経た後、京都、立命館小学校に赴任。『国語の授業力を劇的に高めるとっておきの技法30』出版。

2008年（57歳） 立命館大学産業社会学部「子ども社会」非常勤講師（2010年まで）。

2009年（58歳） 『教師と子どもの読解力を高める』『指導案づくりで国語の授業力を高める』出版。『発見がなければ授業じゃない』〔DVD〕刊行。

2010年（61歳） 『国語科「言語活動の充実」事例』出版。

2011年（62歳） 『詩の授業を劇的に展開させる授業技法』〔DVD〕刊行。『続・AさせたいならBと言え』出版。

2012年（63歳） 『教師のチカラ』に、「日本語力を高める音読教材&指導法」連載（2014年まで）。

2013年（64歳） 『究極の読解授業システム』〔DVD〕刊行。『南吉作オリジナル版ごんぎつね』作成。朝日新聞教育欄に掲載。『作文の神様が教えるスラスラ書ける作文マジック』出版。

2014年（64歳） 日本言語技術教育学会静岡大会「新聞を活用した授業」、京都大会「ごんぎつね」模擬授業。

●いわした・おさむ●
1949年愛知県生まれ。
立命館小学校教諭。

file:003

百ます計算に出会う
直前、最も実践に
苦悩していた時代

本当の学力を追い求めて

陰山英男
Hideo Kageyama

［初任の頃の授業］

子どもたちに何をさせるべきなのか わからなかった初任時代

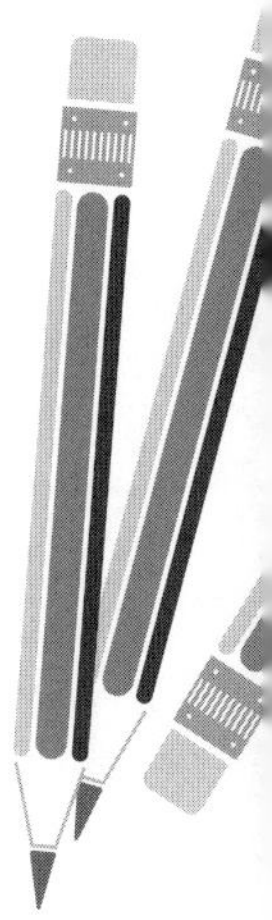

初任の地は、最も荒れた学校だった

1981年4月に私は教師となり、初任の地は、兵庫県の尼崎でした。

しかし、当時の尼崎は、校内暴力が最も激しく、私が赴任した園田地区というのも非常に学校が荒れていました。園和小学校から進級する中学校でも、生徒が教職員に対し暴行をし、そのことが学校に対する信頼を大きく傷つけていた時代でもありました。

そんな騒然とした時代に、また、最も騒然とした学校に赴任して、私はとんでもない所にきてしまったと感じながら教職をスタートさせました。

私は初めて自分の学級に入った瞬間を、今でも鮮明に覚えています。始業式で子どもたちに紹介をされ、その後いったん職員室に戻り、自分が担任する4年生の教室に入っていきました。

扉を開けた瞬間、一斉に子どもたちが好奇心に満ちて輝くような目を向け、喜びの声をあげていたのです。私は、「テレビドラマではない、本当の人生が始まった」と、その瞬間感じました。「この目に込められた願いや期待に自分は応えなければならない」

そういった責任を感じるとともに、放送局の就職試験にすべて落ち、どん底に叩きつけられていた私は、ようやく腰を落ち着けて自分の仕事に専念できる喜びを感じていました。

しかしそう感じたのも束の間、次第に子どもたちは、私の授業に反発するようになってきたのです。

子どもたちに何をさせるべきなのか、わからなかった初任時代

新任の頃いちばん悩んだのは、「国語の授業はどのようにすればいいのか」ということ。子どもたちに何をやらせ、そして何ができるように指導すればいいのか、国語の授業の目的が当時の私にはわかりませんでした。指導書を見たり、隣の先生の授業をのぞいてみたりもしました。しかしそれでも、いったい何をさせるべきなのかがわからないまま日々を過ごしていました。

そして、校区内の中学校では校内暴力が激しく、小学生とはいえ、その影響を受けた子どもたちは私の面白くない授業に反発をし、子どもたちが納得するような授業にはなかなかなりませんでした。

［指導力向上のために］

本当の学力とは何なのか その答えが見つからない日々

倉本先生との出会いと学び

そうしたなか、私に一つの方向性を教えてくれたのが、教員住宅で同じ部屋に同居していた倉本俊喜先生でした。倉本先生は、学生時代、後に巨人の正捕手となった中尾孝義さんと共に野球をし続けた生粋のスポーツマンでした。

倉本先生は私に、いろいろな体育の指導方法を教えてくれました。また、子どもたちとのコミュニケーションの仕方も教えてくれました。しかし、それは生身の自分を心も体も子どもたちにぶつけていくという、型破りな方法ではありました。以後私は、体育の授業作りを核にしながら、目に見えて子どもを伸ばす実践に取り組むという方向性を見つけたのです。

なかでも重要としていたのは、マット運動でした。特に、立った状態から体を後ろに反らし、ブリッジを作らせる立ちブリッジの指導。文字にするとつまらないように感じる技の指導ではありますが、新任時代に覚えたこの指導は、私自身の指導の中核になり、その後、私がすべての子どもたちに教えた、たった一つの指導になりました。

なぜ立ちブリッジは、実践としてすばらしかったか。それは、できない子どもにしてみると、立ちブリッジはとても高度な技に見えます。けれども、時には頭を打ちながらも必死になって練習すれば、少なくとも8割ぐらいの子どもができるというものです。それはがんばればできるという最も典型的な実践だったからです。後ろに体を反らしてブリッジを作るという単純な動作ではありますが、首の反らし方、膝の曲げ方、手をつくときのタイミング。いくつものポイントが合わさってやっとできるのです。それは、単純に見える一つの作業が、いくつもの要素によって成り立っている、授業における分析という視点を私に自覚させてくれる教材でもありました。

倉本先生にはもう一つ、重要な実践を教わりました。それは、生活カルテという実践です。生活カルテは、倉本先生が勤務している学校で研究されていた生活指導の実践です。子どもたちに日常の生活を記録させ、そのなかから課題を見つけ、子どもたちの望ましい生活作りをするという実践です。当時は、自分で工夫した点検表を作り、毎日子どもたちに点検と感想を書かせることをやっていったのです。これはその後、私が赴任する山口小学校（兵庫県朝来（あさご）市）の早寝早起き朝ごはんの指導に結実していきます。

そうやって周りの先生方の協力を得ながら実践を深めていき、苦手であった国語の指導も、やがて、文章のなかから何が大事か自分なりの言葉で表現できる授業を、いつの間にか子どもたちにさせるようになっていきました。

本当の学力とは何なのか、その答えが見つからない日々

今では、生活点検表を通し、どの子においても、健康的な生活を送らせるとともに、ひいては学力向上のために点検をしている学校は多くあります。でも当時は、荒れそうな子どもたちをとにかく点検し、望ましい方向に指導するという、今から思えば管理的な側面が強かった実践と思います。しかし、そういうこととは別に、その生活カルテを通じて見えてくる当時の子どもたちの生活は、私の子どもの頃とはまったく異質な、厳しいものでした。

というのは、当時、荒れる公立中学校にわが子を通わせたくない保護者たちは、灘中学校を頂点とする私立中学校への進学を希望していました。そのため、受験勉強を毎日、午前1時、2時までしていた子どもがたくさんいました。そして受験直前になると、塾を優先し、学校に通わなくなる子どもたちも出てきました。一方、そうした流れに反発するかのように、荒れる子どもたちはますます学習を嫌い、学級全体がまとまっていくことなど考えもできないような雰囲気もありました。

ただ、私立中学校への進学を望む子どもたちは夜遅くまで塾に行き、好成績をとるのですが、時には簡単な問題につまずき、授業中にボーッとしていることが多くありました。その様子を見ながら、とても彼らが賢くなっているとは思えませんでした。この疑問がやがて、本当の学力とは何かという私の疑問につながっていくのです。しかし残念ながら、当時の私にはこの状況に対して、どのような教育をしていったらいいのかまったく展望が見えていませんでした。

田舎へ帰る決意

毎日悩みながらもいろいろな先生方から学んでいたある日、子どもの指導が大変うまい先生が、わが子が有名中学校に合格をし、非常に喜んでいる様子を目の当たりにしました。それを見て、私は自分の無力を感じました。そのときはこの状況を批判的に見ていますが、やがてわが子ができたとき、私はわが子も私立中学校の受験のために、夜遅くまで勉強させるだろうと思ったのです。それを考えると、まずはここから抜け出して田舎に帰り、もう一度原点に立ち返って教育を考え直すことを決意しました。

尼崎には3年間いたのですが、もちろん、楽しいこともたくさんありました。子どもたちも悪い状況に飲み込まれていくだけではなく、もっと人間的に成長したいという面をたくさん見せてくれましたし、笑い合った楽しい思い出もたくさんあります。また、教師仲間と楽器を買い、子どもたちともいっしょに音楽をやったこともありました。

しかしただ一点、子どもたちとすばらしい時間がもてても、子どもたちにつけてあげるべき力をつけることができなかった。今となってもそのことが悔やまれる思い出として残っています。本当の学力をつける教師になるしかない。尼崎を去るとき、そのことを強く決意したのです。

［代表的実践の誕生秘話］

最も手抜きと思えた実践が最も効果的だった

ゆとり路線との対立

転勤届の希望が通り、私は、生まれ育った但馬（たじま）に戻りました。尼崎にはない、ゆったりとした時間が、そこにはありました。それで、子どもたちの学力を伸ばすということに、日々取り組んでいきました。立ちブリッジの指導も続けることで、すべての実践に通じる重要な教訓を私に教えてくれました。

それは、盤石な基礎は、大きな発展の可能性の土台になるということです。どんな科目でも、基礎の習熟には、基本的な学習の反復が必要になります。

しかし、それが単調であれば批判され、同じことをくり返す学習は、学習ではなくただの訓練で教育ではないように言われ、反復学習が批判されていました。そして当時は私もそう思っていました。

ところが、実践してみると、現実は基礎の徹底反復が子どもの高い可能性を生み出します。

私はそうした批判を受けながら、一方で子どもたちの成長を見ていると、反復による徹底した基礎の習熟は、子どもたちの発展の基礎となると気がついたのです。考えてみれば当然なのですが、基礎がしっかりしているほど幅広い応用性を得ることができます。

ところが、ゆとり教育が語られていた時代には、基礎的なことと応用的なことが対立的に描かれ、単純なことのくり返しではなく、自ら考えることが大切だといわれてきました。基礎と応用との関係があたかも対立しているかのように語られ、応用的な学習を重視するあまり、基礎的な学習の反復が実践されにくい時代になっていったのです。

この時代の実践は、正直大変つらいものでした。なぜなら、子どもたちが基礎の反復学習によってすばらしい力をつけたとしても、考え方の異なる先生から見れば、評価されるに値しないものだったからです。

その議論の際感じた違和感は、「この先生は教育の成果や結果ではなく、やり方やプロセスの方に関心がある。どんな方法を使ってもいいからまず子どもを伸ばしたい私の想いとは出発点から大きく意識が違っている」と気がついたのです。型にはまっていては、肝心なことを見落とす。尼崎時代、倉本先生の型破りの実践から学んだ最大のものはこの考え方でした。世の中全体がゆとり教育に流れていくなか、それとは正反対の実践をしていたのですが、私は実践を改める気はありませんでした。

なぜなら、この反復学習によって、今まで私が触れてきた教育や実践とはまったく質の違う、高度な子どもたちの成長を実際に見ていたからです。それが百ます計算の実践でした。

思い切った決断からの手応え

私の師匠でもある岸本裕史先生から教えていただいた百ます計算は、子どもたちを必死にさせ、そのタイムが縮まっていくことを私は喜んでいました。

しかし中には、百ます計算の負担が大きく、嫌がる子もいました。

また、私の年齢が上がるにつれ、担任以外の校務をすることも多くなり、百ます計算のプリントを毎日数字の並びを変えて用意することが難しくなってきました。

そうした追い詰められた状況のなかで、私は一つ、思い切った決断をします。それは、毎日変えていた数字の並びを変えることをやめ、3日分や1週間分、まったく数字の並びが同じ計算をくり返させるという、あってはならない実践を始めたのです。

まったく同じ問題が何日も続くので、子どもたちもみるみるタイムを縮めていきます。

また、毎日問題が変わるのを嫌がっていた子どもたちは、そのことで悩むことがなくなり、「どうせ同じ問題なんだから」と少し軽く考えるようになりました。そして、ほとんどの子どもたちが、短期間でタイムを縮めてきたのです。

私自身、いかに子どもたちのタイムが速くなろうとも、毎日同じプリントをさせるという手を抜いた実践では意味はないと思っていました。

しかし、毎日数字の並びが同じプリントをさせ、ある日突然、数字の並びを変えても、子どもたちのタイムは下がるどころか、上がることもあるということがわかり、何か大きなものがそこにあると感じました。

最も手抜きと思えた実践が、最も効果的だった

そうして一カ月ほどたったある日、算数のテストをしました。結果を見て驚きました。自分自身の実践を根本から変える、大変な結果が出たのです。それは、子どもたちの算数の成績が、劇的に向上していたのです。

最も安易ともいえる実践なのに、最も短期間に最も高度に成績が上がる。それは信じられないことでした。常識を破り捨て、極悪ともいえることをやると、最もすばらしい結果につながったのです。

また、テストの成績が上がるということは、子どもたちは勉強も楽しくなり、教師である私に対する信頼感を高めることにもつながります。その後のさまざまな指導を子どもたちが積極的に受け入れていく土壌を作ることにもつながっていったのです。いいことばかりの実践となったのです。

社会科の実践

同じようなことは、社会科でも起きました。

ある年、6年を担当したときのことです。体験を重視し、子どもの自主的な学びや話し合うことも大切にし、丁寧な学習を指導してきました。

例えば、古代の学習には子どもを古墳に

連れて行き、戦国時代の学習には、近くにある城に登り、勉強をしました。その時々、子どもたちは主体的に学び、目を輝かせ、すばらしい授業ができたと私は喜んでいました。

ところがその年の3月。年度末の歴史のテストをしたのですが、恐ろしいほどに成績は伸び悩み、もともと高い学力をもっている子ですら、テストの点が伸び悩んでいることに気がついたのです。似たようなことは理科でもありました。

重要な理科実験は、同じ実験を何度もくり返し、重要なポイントについてはしっかり学習させていました。

しかし、このときも予想外にテストの点は伸び悩んだのです。この社会科や理科の結果を見て、私は頭を抱え込んでしまいました。

この状況をどう打開しようかと考え抜いた結果、どうしても覚えておかなければいけないことはプリントにまとめ、基本的な事項についてはくり返し覚えさせていこうというまた直球勝負の作戦をとりました。

なかでも社会科の歴史については内容が多いだけに、かなりの準備と枚数が必要になるだろうと考えました。そして年度はじめに、どうしても覚えておかなければいけない歴史的な事件や用語などをリストアップしたプリントを作りました。

1年分ですので量も膨大になるだろうと覚悟をしていました。しかしその枚数は、公民も含め、たった7枚。1枚のプリントには20〜30問ほどです。これには私も驚きました。これならば、1枚につき10回くり返しても授業と宿題でやってもそれほどの負担にはなりません。

事実、このプリントを子どもたちにさせるときには、1回目こそ苦労はするのですが、多くの子どもは、3回目にはスラスラと問題を解くようになり、4、5回目には問題も読まず、名前を書いたらそのまま答えを書くようになっていたのです。

ただ、解答させるとき、1つだけハードルを作りました。それは、習っていない漢字でも答えはすべて正しく漢字で書くということです。なぜなら、例えば、「鎌倉幕府」を「かまくらばくふ」と平仮名で書いてもピンときません。漢字で書くことでひと目見るだけである種のイメージを作ることにつながります。

そうした年の年度末の3月、その成果を確かめるため、学力検査に挑戦しました。その学力検査は初めてやらせるものだったのですが、試験当日、子どもたちに問題を配りながらその内容を見て、私は青ざめました。それは、かなりの思考を要する問題になっていて、単純に解ける問題ではなかったのです。私は、無残な結果が返ってくることを覚悟しました。

しかし2週間後、返ってきた結果を見て驚きました。なんと全国平均を下回った子がひとりもいなかったのです。基本的な用語をくり返し、しっかり覚えさせるだけで、必要な知識や理解だけではなく、歴史的に考えるということもきちんと習得できていたのです。

基礎基本か応用か、知識習得か応用力の育成か。いろいろ議論されるところではありますが、実践的には答えは単純明快です。盤石な基礎は高い応用力の土台となるのです。

初期の漢字指導方法

しかし、一つ大きく残っていた課題があ

りました。それが漢字です。

1年間に習う漢字は約２００字です。しかし、子どもたちはその２００字を完全に習得することは困難です。全国的な習得率の平均値を見ると、小学校5、6年生の習得率は、60パーセント程度です。この漢字の完全なる習熟をいかにすべきか。私は、限られた内容を単純な方法で徹底的に反復する。この原理を漢字指導に当てはめてみようと考えました。

2学期の終わり、通常の国語の授業は11月で終了し、12月の全部の国語の時間を使って、1年分の漢字を教え、冬休みから3学期の間に徹底的な反復学習をさせる。そのことを思いついたのです。

12月に1年分の漢字を教えるということは、1、2学期分の復習と3学期分の予習を進めていくことになります。まず漢字を教え、書き順を確認し、そしてどのような熟語があるのか調べ、何回か書き、そして次の漢字に入るという指導をくり返しました。

ここでも不思議なことが起こりました。1日目、2日目は、1、2学期分の復習があるにもかかわらず、5、6文字程度で、思うように学習が進みませんでした。

ところが3日目ぐらいから学習速度が速くなり、一度に12文字を、1週間を過ぎたあたりでは、1日に15文字程度と、子どもたちの授業速度があがっていったのです。

そして冬休み目前になり、この漢字指導を冬休みにどのように行えばいいかと考えました。

そこで、1年分の漢字が入ったプリントを用意し、それを子どもではなく、個別懇談会のときに、保護者に渡すことを思いつきました。しかも、「冬休み明け、この漢字プリントそのままの内容をテストします」と伝え、渡すのです。冬休みは、年末年始などで親御さんは長い休みがあるため、テストがあると伝えれば、いつもより子どもを指導してくれます。

そして冬休み明け、漢字テストを行いました。効果はてきめんでした。いつも20問ほどの漢字テストですら50点をとるのがやっとという子どもたちも含め、全員が80点以上となっていたのです。

さらに、3学期の漢字がほぼ書けるようになっているので、3学期は新出漢字の指導をしなくていいのです。そのため、3学期は国語の授業では読解に集中することができ、さらに授業の密度をあげていきました。

2月に入り、今度は、それらの漢字を使った熟語を覚えさせるため、1日に10文字程度の熟語を宿題に出していきました。その翌日、その熟語テストをするのですが、ほとんどの子が80点以上であり、ほんのわずかな放課後指導を補充することで子どもたちの漢字の力はあがっていったのです。

そして迎えた3月の漢字まとめのテスト。全員が90点以上の結果を出したのです。

そして、驚くことはまだありました。それは、年度末のテストは1、2学期の内容も含むので、なかなか点は伸び悩むものですが、この年の年度末テストは他の教科のテストも、ものすごい高得点となったのです。

これによって見えてきたことは、百ます計算をすれば他のテストの点も上昇してくる。漢字テストを盤石にすれば、ほぼすべてのテストの点が高得点になってくるということでした。しかも、その学習方法は限られた内容を徹底的にくり返すという、あまりにもシンプルなものだったのです。

現在の漢字指導方法

こうした経緯もあって、私はその後、１年分の漢字をゴールデンウイーク前に教えてしまうこととしました。

なぜなら、4月の学期はじめは子どもたちの学習意欲が最も高い時期ではあるのですが、１カ月たってゴールデンウイークを終えてしまうと、その学習効果が相当に落ちてしまうからです。ですから、5月以降おさらいすることを前提として、学習意欲の高い4月の国語の授業すべてを漢字指導にあててしまうことは、後々の国語指導を効率よく進めるためと考えたからです。

そして、ゴールデンウイーク明けに1年分の漢字テストをしたのですが、新出漢字を約２００字教えたわけですから、当然その効果は芳しいものではありません。平均点は半分の50点前後でした。

しかしこれをよく考えてみると、たった２、３週間の指導だけで１００字程度の漢字を覚えていることを意味しています。覚えきれていない漢字については、１学期末までに漢字を完全に書けるように、全部の漢字がまとめられたプリントをくり返し学習しました。

そして、２学期に熟語指導をします。そうすると、11月頃にはほぼすべての漢字テストで80点以上の平均がとれるようになり、その後は90点以上をとるようになっていったのです。

さらに驚くことは続きました。その学級を持ちあがって6年生で指導していると、今度は1年分の学習を終えたゴールデンウイーク明けのテストで、いきなり平均点が80点を超えるようになっていたのです。５年生の段階で、漢字の前倒し学習をすることによって漢字を覚える能力が劇的に向上していたのです。

基礎基本の習熟が、子どもたちの能力を高める

限られた内容を単純な方法で徹底的にくり返すという原則は、単に完全に習熟させる以上の意味があるのです。子どもたちの学習能力を高め、いろいろな科目の成績に自然に波及していくのです。

これは従来の教材を中心としたカリキュラムではまったく考えられないことでした。

私は、子どもたちの脳のパワーが変わってしまったに違いない、そう考えるようになったのです。その一つの証明として、子どもたちの知能指数が、劇的に上昇していることに気がついたのです。

この徹底反復での指導は、他の授業作りとはその発想が根本から違っています。子どもたちの脳のパワーを高め、基礎的な学習能力を高めておく。これは国語や算数のさまざまな指導方法と相まって、多様な学習を可能にする道をひらいたのです。

基礎基本か応用かということではなく、基礎基本の徹底した習熟が、多様な子どもたちの応用力を生み、そこから子どもたちの自学自習の能力を高めることにつながっていくのです。

年譜

陰山英男

1980年（22歳）　岡山大学法学部卒業。

1981年（23歳）　尼崎市立園和小学校で教師人生スタート。

1984年（26歳）　城崎郡日高町立三方小学校へ転勤。夏休み、インドへ1カ月の旅行。

1987年（29歳）　神戸にて、生涯の師岸本裕史氏と出会う。

1989年（31歳）　兵庫県朝来町立（現・朝来市立）山口小学校に転勤。反復学習で基礎学力の向上をめざす「陰山メソッド」を確立し、脚光を浴びる。

1999年（41歳）　4年間担任した子が、有名大学に進学。『分数ができない大学生』を読み、発言活動を開始。

2000年（42歳）　1月、全国教研で「学力つくり十年目の結論」を発表。帰宅途中、何かが変わり、何かが始まると強烈に感じた。
3月、朝日新聞で全国教研について報道。
10月、ＮＨＫ「クローズアップ現代」放映。放映終了後、スタッフにお礼を伝えると、「違いますよ。今から始まるんですよ」とかえされた。

2002年（44歳）　3月、『本当の学力をつける本』出版。発売日、どの書店にも本は1冊も見当たらなかった。その理由は、1万部の本が即刻売り切れたからだ。年間50万部。
7月、徹底反復シリーズ出版開始。『徹底反復漢字プリント』出版。以後累計７００万部。

2003年（45歳）　1月、『徹底反復百ます計算』出版。以後累計３００万部。
広島県尾道市立土堂小学校校長に全国公募により就任。尾道市の民間人校長自殺に重なり、百ます計算の爆発的ブームのなかで、最も苦しい時代だった。

2005年（47歳）　文部科学省中央教育審議会特別委員。

2006年（48歳）　京都市にある立命館大学教授及び、立命館小学校副校長に就任。
内閣官房教育再生会議委員に就任（２００８年まで）。就任にあたり、岸本裕史先生に相談。「君が行くべきだ」と言われたのが、岸本先生との最後の会話に（同年12月に逝去）。

2008年（50歳）　大阪府教育委員に就任。

2012年（54歳）　大阪府教育委員長に就任。

2015年（57歳）　現在、立命館大学教育開発推進機構教授（立命館小学校校長顧問兼任）、文部科学省中央教育審議会教育課程部会委員、大阪府教育委員会委員長、ＮＰＯ法人日本教育再興連盟代表理事、徹底反復研究会代表に就任。その他、全国各地で学力向上アドバイザーも務める。

● かげやま・ひでお ●
1958年兵庫県朝来郡（現・朝来市）生まれ。
立命館大学教育開発推進機構教授。

file：004

学校でも家でも子どもたちと遊んでいた20代

私の歩んできた道
―20代のころを中心に―

菊池省三
Shozo Kikuchi

［初任の頃の授業］

子どもたちの表情から学んだこと

私は、愛媛県で生まれ育ち、大学時代を山口県で過ごし、卒業と同時に福岡県北九州市で教師になりました。私が就職した1982（昭和57）年は、まだ大量採用の時代でした。赴任した学校でも、私を含めて3名の初任教師がいました。北九州市内約130校の小学校では、どこも同じような時代でした。

初任の頃の記憶に残っていることをいくつか紹介します。いくつかの苦い思い出が残っています。

1年目・4年生担任

3年生からの持ち上がりの学級でした。学年は5クラスありました。前担任は、定年退職をされた優しい男性の方でした。子どもたちと遊ぶだけの教師でした。40名近くいた子どもたちがかわいくて、学校近くの「長屋」に住んでいた私は、学校でも家でも子どもたちと遊んでいました。

若かった私は、子どもたちに「好かれている」と思っていました。

そんな1年目に忘れられない出来事があります。

その1

1学期の中頃でした。前担任の先生が、学校に来られたことがありました。掃除時間でした。その先生を見つけた子どもたちが、一斉に掃除を止め、その先生のもとに走って行きました。あっという間でした。私の前では見せないような笑顔でした。

呆気にとられた私は、教室からその光景を、ほうきを片手に眺めることしかできませんでした。

そのときに、ふと教室の隅を見ると、男の子が1人だけ、私と同じようにほうきを持って掃除をしていました。

クラスのなかでいちばんやんちゃな男の子でした。体も大きく、すぐに暴力的な行為をしてしまう男の子でした。先生とは合わなかったのでしょう。普段は真面目に掃除などすることがなかった彼が、何かに耐えるように、ほうきを動かし続けていました。さみしそうな悔しそうな顔をしていました。

今から思うと、「学級」という単位ばかりで子どもを見るのではなく、一人ひとりの子どもをしっかりと見なくてはいけないと思わされた瞬間だったように思います。

今でも、あのときの男の子の表情を思い出すと、複雑な気持ちになります。

その2

2学期も終わろうとしていた頃です。あ

る男の子の日記に、「昨日は、家族で焼き肉を食べに行きました。ぼくは、400枚以上食べました」といった内容がありました。

正確には覚えていませんが、私は、「すごいね。たくさん食べたんだね……」といったコメントを書いたように記憶しています。

数週間後に、学期末の個人懇談会がありました。その男の子のお母さんから、「400枚なんて、先生は気づきませんでしたか。あの子はああやってうそをつくんです」と、少し不満げに言われました。私は、「すみません」と言うのが精いっぱいでした。

子どもの表現するその奥までも読まなければならないということを考えさせられたときでした。

2年目・5年生

クラス替え後の5年生を担任しました。

2学期に、近隣の学校とのバスケットボール対抗戦が行われることになり、その練習に力を入れていました。

私の思いは、「この取り組みを、学級をよりまとめるきっかけにしよう」ということでした。体育の時間だけではなく、朝も放課後も「鍛える練習」をしていました。

結果は、私の思いとは逆になりました。女の子の間で、亀裂が起こりました。おとなしい女の子グループの数名が、「先生は、上手な子をひいきしています」と訴えてきたのです。聞いてみると、「私たちは、先生から認められているんよ」と自慢するグループがあるというのです。

数名の女子に、「あなたたちは上手だね」と、何気なく私が「ほめた」ことがきっかけでした。

教師としてのひと言の影響、その重みを意識しなければならないということに気づかされたときでした。

3年目・6年生

クラスに、仲良しの女の子2人組がいました。1人は、成績も優秀でしっかりとした女の子でした。もう1人は、少し幼さの残る元気のいい女の子でした。

3学期の「あゆみ」を渡したときです。出席順で渡しましたから、優秀な子が先でした。安心した笑顔で、教室の後ろで「あゆみ」を見ていました。

その数名後に、元気な女の子に渡しました。小学校生活最後ということもあり、その子の体育の成績に「よい」を1つだけつけていました。おそらく、彼女にとっては初めての「よい」だったと思います。

彼女は、受け取った「あゆみ」をパッと見た瞬間、教室の後ろの友だちのところに、今までに見せたことがないような表情で、全力で走って行きました。そして、うれしそうに「あゆみ」を見せていました。

教師の評価・評定の責任の大きさを見せつけられた瞬間でした。

[教職 11 年目の4年生のお別れ会より]

〔指導力向上のために〕

仲間と、そして師から学ぶ

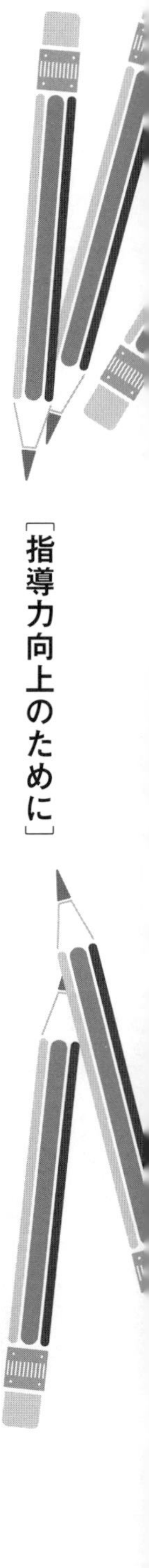

自慢にもなりませんが、学生時代はほとんど勉強しませんでした。友だちと酒を飲みながら語り明かす毎日でした。

そんな私が教師になって、すぐに変わることはありませんでした。放課後の職員室で、若い仲間の先生方と語り合うということはしていましたが……。

1年目

当時は、新採は各学期に1回の研究授業をしなければなりませんでした。1学期は算数を、2学期は体育をしました。算数は奇をてらって4コママンガを使った授業を、体育はそれなりに子どもを鍛えておいたポートボールの授業でした。どちらもごまかしです。それでも自分では、「まあまあ合格」だと思っていました。授業を真剣に考えたこともなかったのですから当然です。

3学期になりました。何をしようかと考えていたときに、国語を研究されていた教務主任の先生から、「国語でやってみないか」と聞かれ、何も考えず国語の研究授業をすることにしました。

親身になって私を指導してくださっていたその先生は、「研究授業前に、一度国語の授業を見せてほしい」と言われました。2学期までの研究授業で、調子に乗っていた私は、「ごんぎつね」の授業を行いました。力のない新採の、何も準備をしていないボロボロの授業でした。

授業後に、教室を出た私に、「次の時間は、私がする」と厳しい表情で言われました。

次の国語の時間、私は教室の後ろから先輩の授業を子どもたちと受けました。

すべてが私と違っていました。発問も指示も説明も板書も……。先輩が子どもたちに、「ほらな。こんなこともわからないだろう。今までこのような学習をしていないからな」と話される言葉を、私は黙って聞くしかありませんでした。

それから、少しずつ勉強するようになりました。教育書を読むようになりました。放課後の職員室でも、子どもたちへの指導のことを、若い先生方と話題にするようになりました。

2年目〜4年目

校内で、「水曜勉強会」というサークルを作りました。若手教師の勉強会です。教務の先生にも入っていただきました。

日々の悩みを出し合ったり、教室内の実践を報告し合ったりしました。同年代の仲間同士で、競い合う雰囲気も出てきました。「学ぶ→実践→反省」というサイクルの毎日が楽しくなってきました。

市内の研究サークルにも所属し、自分なりの手応えを感じはじめていました。研究授業も、機会があれば自分から手を挙げて行いました。

5年目～12年目

今でも師と仰ぐ先生と出会いました。当時の北九州でも「異端児」的な存在であった桑田泰助先生です。市内の公立小中学校や附属中学校の校長先生もされていた先生です。教育雑誌の連載もされていました。

その桑田先生の毎月行われる私的な勉強会に呼ばれるようになったのです。桑田先生のご自宅で行われていたその勉強会には、私を入れて6名の先生が参加されていました。私がいちばん若かったことを覚えています。

とても厳しい勉強会でした。

その1

桑田先生のもとで学びはじめて数年がたった頃、ひょんなことから私の授業を毎月1回参観していただくことになりました。

その1回目のことは強烈に覚えています。笑顔で授業を参観された後の校長室で、「子どもたちはよい。問題はお前だ」と言われ、「ビデオに撮っていたな。それを持って家に来い」と厳しい口調で言われたのです。

ご自宅にその日の放課後行きました。「ビデオを流せ」と言われて、授業開始前の教室が映った瞬間、「止めろ。お前の立ち位置が悪い」と叱られたのです。

その後、5時間ほどかけて「説教」されました。それでも授業は半分ほどしか進んでいませんでした。毎月このような「説教」をしていただきました。半年続けました。

その2

私のなかに、桑田先生語録があります。私を作ってくれた私の芯にあたる言葉です。

○知恵がないものが知恵を絞っても出てこない。だから、知恵を入れるために人に会って話を聞け、本を読め。

○文学は何のために教えるのか。それは、人間の可能性を信じなさいということを教えるのだ。どんな人間でも一晩たったら変わるかもしれない。そんな人間のすばらしさを教えるためにあるのだ。

○（私の「なぜ、桑田先生はそんなに楽しそうに国語と道徳の勉強をされるのですか」という質問に）わしにとって、国語と道徳は道楽だ。だから楽しい。

○（私の「どうして僕のような若い者にそんなに一生懸命教えてくれるのですか」の質問に）研究は創造だ。これからの未来のことだ。わしが過去にしておろうが、あんたが何もなかろうが、スタートはいっしょだ。だから、あんたにも教える。

○（私の原稿を見て）なぜ、寝たんだ。人間数日寝なくても死なない。寝なかったらもっといいものができたはずだ。

[桑田先生宅で学ばせていただいた先輩教師と]

［代表的実践の誕生秘話］

コミュニケーション力で人間形成を

地元で育てていただきながら、仲間とサークルを作り、全国の優れた先生方からもたくさんのことを教えていただきました。今までに外部からお呼びした講師は、市毛勝雄氏、野口芳宏氏、深澤久氏、岡本明人氏、上條晴夫氏、三上周治氏、鈴木克義氏、佐長健司氏、土作彰氏、赤坂真二氏、鈴木健二氏、石川晋氏などです。今の私の代表的ないくつかの実践があるとするならば、本当に多くの先生方のおかげです。

作文指導その1　個人文集「大作づくり」

若いときから、作文指導を行っています。特に10年目あたりまでは、個人文集を毎年作っていました。毎回、学級平均が400字詰め原稿用紙100枚以上で、最高は400枚を超える「大作」となっていました。

［地元の新聞に取り上げられた「個人文集」］

作文指導その2　「成長ノート」

43ページの写真は、「成長ノート」です。

一人ひとりにノートを渡して、年間を通して作文を書かせています。担任である私と子どもとのつながりを作るために活用しています（くわしくは、『コミュニケーション力あふれる「菊池学級」の作り方』を参照してください）。

コミュニケーション指導その1「スピーチ」

私が、コミュニケーション指導に力を入れはじめたのは20代の終わりです。簡単な自己紹介スピーチもできない、学級崩壊をしている子どもたちと出会ったからです。

この指導を通して、コミュニケーション力は、子どもたちの人間形成に大きな影響を与える領域だと確信しました。

［成長ノート］

作文が苦手な5年生の「成長ノート」です。防犯教室の感想です。ノート半分の文量を初めて書けたときのものです。

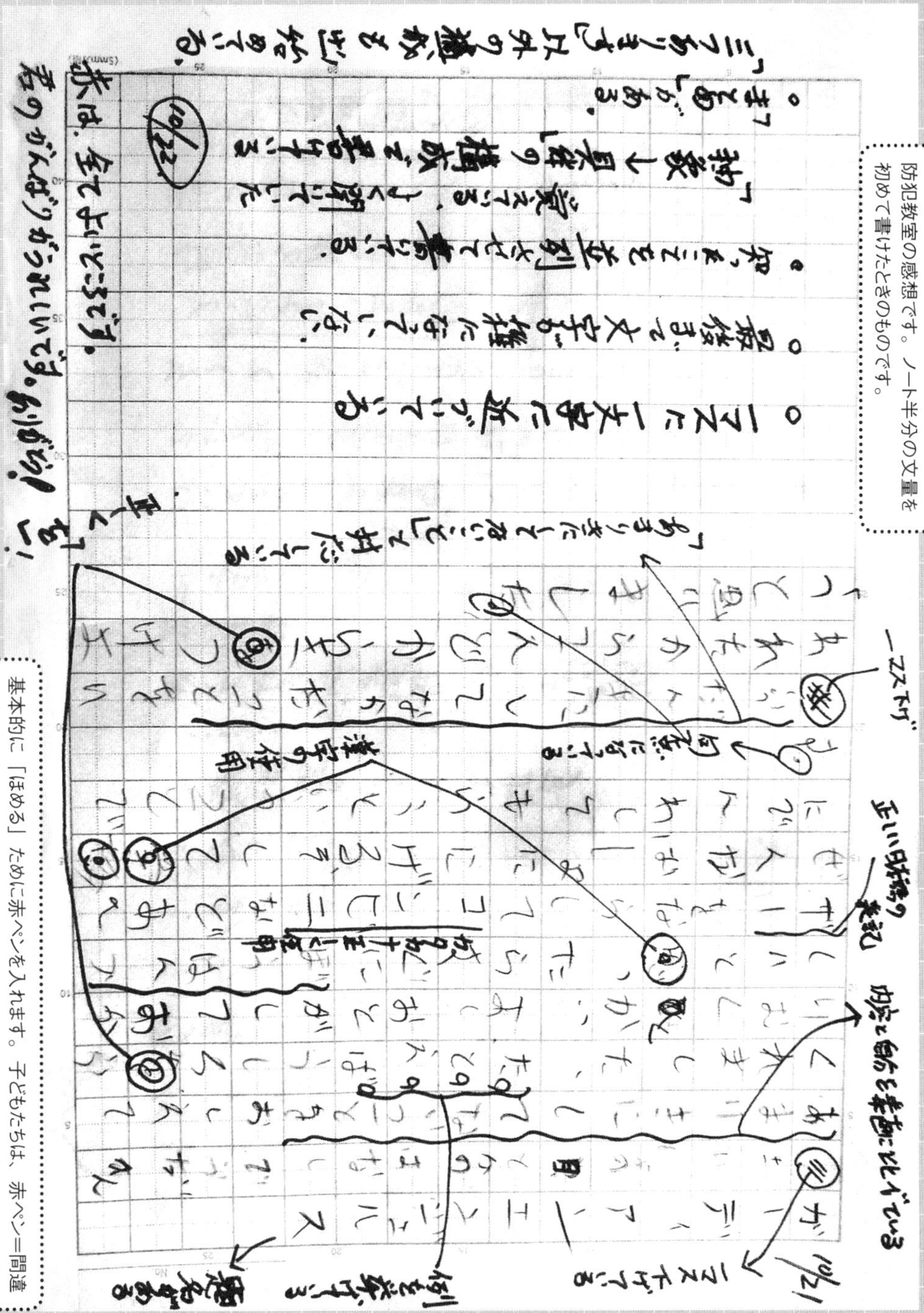

基本的に「ほめる」ために赤ペンを入れます。子どもたちは、赤ペン＝間違い指摘と思っています。そうではなくて、よいところを見つけ出して入れます。

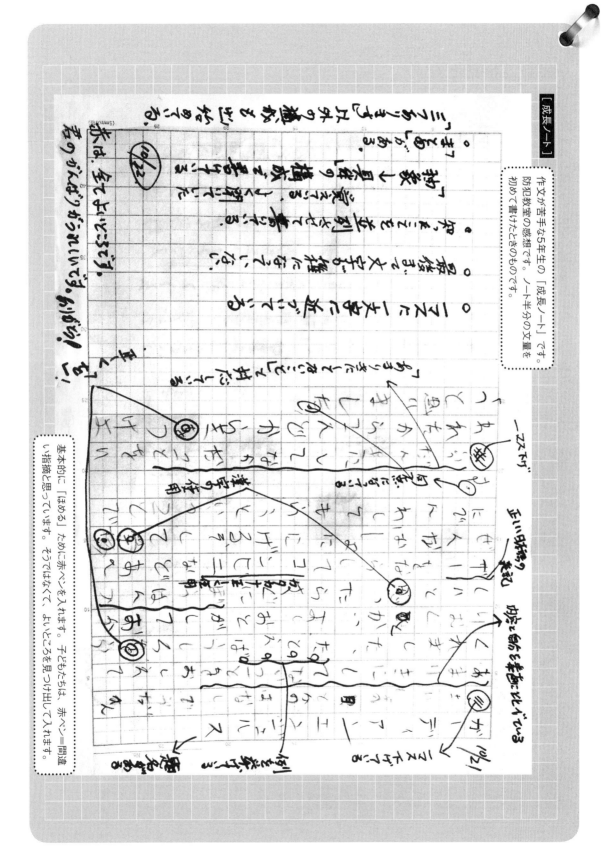

コミュニケーション指導その2「ディベート」

スピーチ指導が発展していくなかで、ディベートと出会いました。30代になってからです。当時は、ディベートに対する偏見が強いときでした。それだけに覚悟のいる実践でした。

コミュニケーション指導その3「話し合い・討論」

現在も実践研究をしている領域です。小学生版「白熱教室」をめざしているのです。自分の立場を黒板に貼る自画像画で明確に示して行います。話し合いのテーマは独自のものもありますが、法則化運動やディベート指導実践から学んだものが中心です。

限られた時間のなかで、全員で「納得解」をめざして白熱するところが、子どもたちにとって魅力があるようです。今後も研究したい領域です。

言葉で育てる指導その1「価値語」

私は、子どもたちの考え方や行動をプラスに導く言葉を「価値語」と呼んでいます。その「価値語」を、年度はじめからシャワーのように子どもたちに浴びせています。

筑豊炭鉱跡の生活が厳しい学校に勤務していたころから意識しはじめた実践です。

[スピーチ指導の様子〔低学年〕]

[ディベート指導の様子〔中学年〕]

[話し合い・討論の様子〔高学年〕]

意味もなく友だちと群れて、「うざい」「死ね」といった言葉が普通に教室内に飛び交っていました。

　言葉が変われば人間も変わる、言葉が育てば人間も育つ、と信じて実践しています。

言葉で育てる指導その２「質問タイム」

　毎朝行っている実践です。朝の時間に10分程度時間を取って行う活動です。

　その日の「ほめ言葉のシャワー」を浴びる主人公に、全員が質問を行うという活動です。子ども同士が、より深く理解し合うようにと考えて行っています。

　言葉で聴き合うことで、友だちの新しい一面に気づき、そのことによって相手も大切に思う人間関係が築かれていきます。理解し合える関係が育ってきます。

　最近特に力を入れている実践です。

言葉で育てる指導その３「ほめ言葉のシャワー」

　約20年前から教室で行っている実践です。毎日帰りの会で行っています。その日の主人公への「ほめ言葉」を全員がシャワーのように浴びせる取り組みです。

　多くのメディアにも取り上げていただきました。今では、北海道から九州、沖縄まで全国に広がっています。小学校だけではなく、中学校や高等学校、職場や家庭にも広がりはじめています。一人ひとりに自信が生まれ、集団のなかに安心感が広がっていきます。

［ 子どもが作った「価値語」 ］

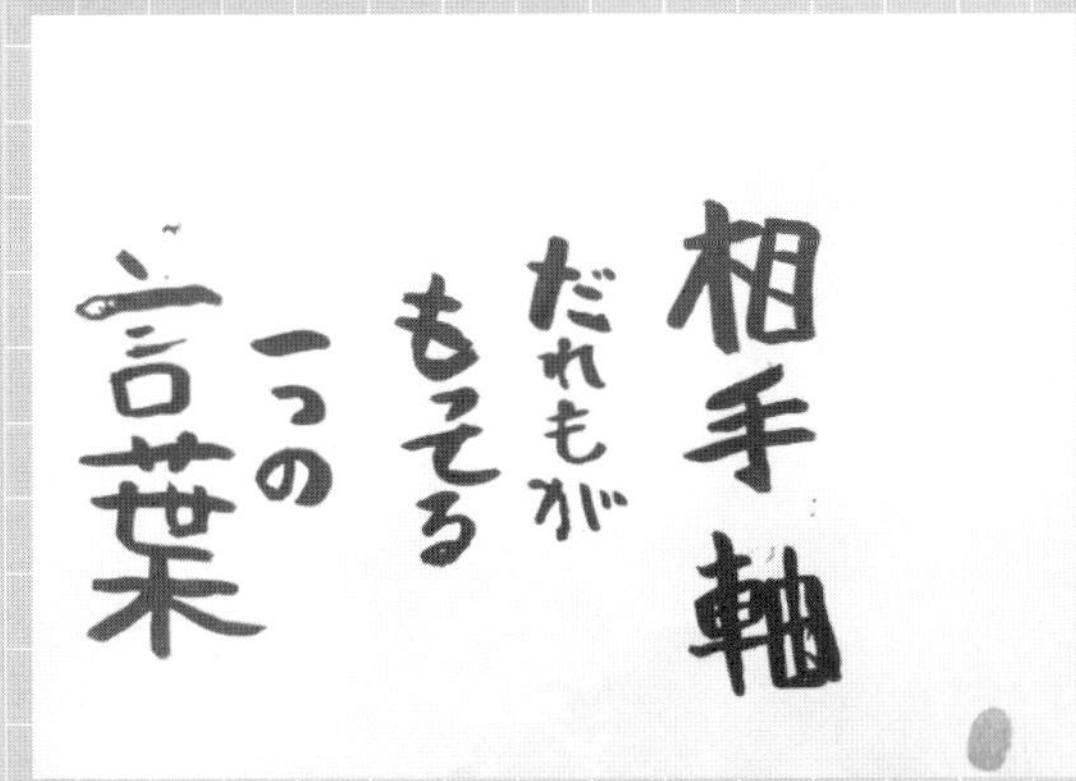

［ 質問タイムのめざす目標（掲示物） ］

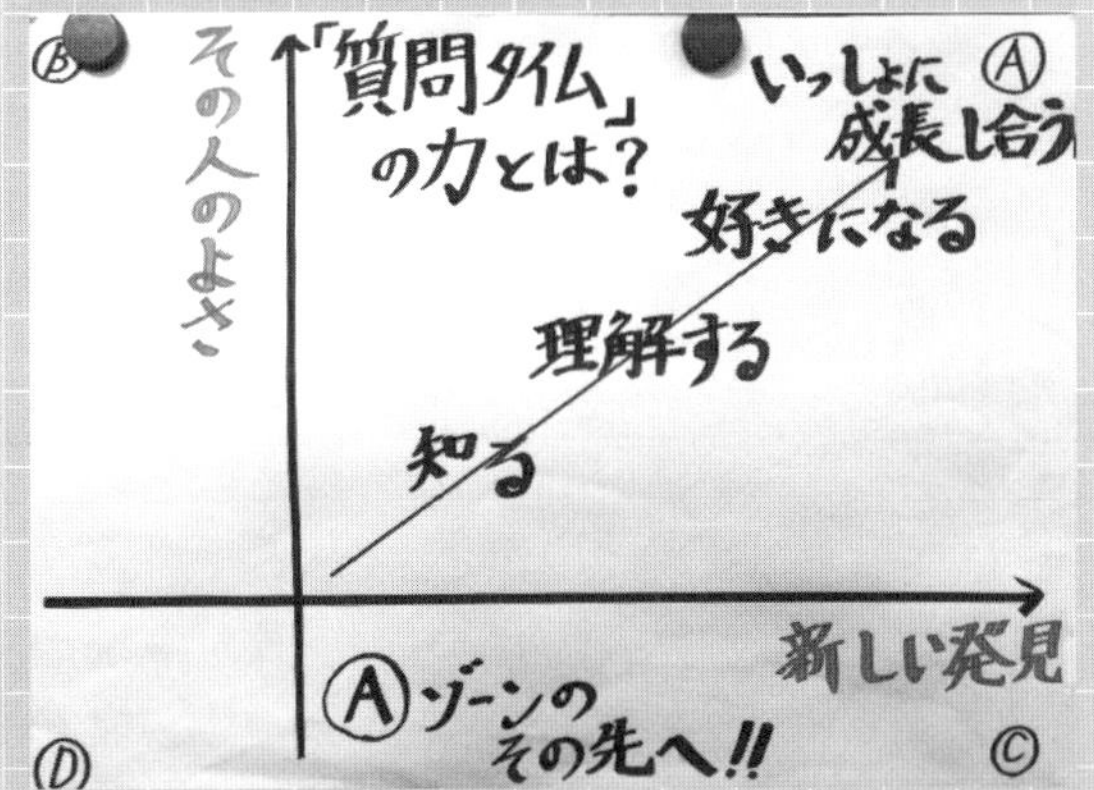

［ ほめ言葉のシャワーの様子 ］

年譜
菊池省三

1982年（23歳）
〔学生・新採時代〕
新採最初の研究授業
―4コママンガで授業―
近藤充生先生との学び
―「今までこのような学習をしていないからな」―

1984年（25歳）
〔単元学習の時代〕
単元学習との出会い
―「大作」にあこがれて―
特別活動での話し合い
―全員発言を求めて―

1987年（28歳）
〔教育技術の時代〕
桑田泰助先生との学び
―科学性、教育技術―
全国レベルの実践を
―コミュニケーション能力に魅せられて―
市毛勝雄先生、野口芳宏先生との出会い
―サークルを作っての学び―

1993年（34歳）
〔ディベートの時代〕
ディベート実践者との出会い
―ディベート論者にならないように―
ディベートの実践を求めて
―「暗黒」の時代―

1999年（40歳）
〔道徳・学級づくりの時代〕
深澤久先生との学び
―授業づくりと学級づくりを考えて―
道徳・学級づくり
―授業構成を探し作ろう―

2001年（42歳）
〔学習ゲームの時代〕
上條晴夫先生との出会い
―「楽しい」実践との出会い―
学習ゲーム
―オリジナルの実践を求めて―

2006年（47歳）
〔インターネットの時代〕
メルマガ発行を楽しむ
―発信型の実践を楽しむ―
全国の実践者との出会い
―サークル研修会での学び―

2008年（49歳）
〔実践と理論の問い直しの時代〕
教室公開からの学び
―「先生の授業はジャズですね」―
「道場」での学び
―「実践を進化させるために学ぶ」―

2010年（51～55歳）**～現在**
〔対話指導の時代へ〕
「菊池道場」全国展開の取り組み
―コミュニケーション指導から見えてくる世界を広げる―

○菊池はこれからをこう考えている。
「ほめ言葉のシャワー」を全国に広げ、自信をもった積極的な子どもを育て、安心感のあふれる教室をたくさん創り出したい。たくさんの仲間とコミュニケーションあふれる教室を生み出すための学びを続けていきたい。

●きくち・しょうぞう●
1959年愛媛県生まれ。
福岡県北九州市立小倉中央小学校教諭。

file：005

夢中だった20代

必死ではなく夢中で生きる

金　大竜
Teryon Kim

［初任の頃の授業］

日々夢中に、前向きに

教師が誰よりも楽しむこと

初任の頃を振り返ると「本当に恥ずかしいな」というのが本音です。授業らしい授業は十分できていませんでした。それどころか、失敗の連続で、子どもたちにも保護者の方にも多くの迷惑をかけてきました。

初めての国語の授業。物語文の範読をしました。そのときに「上る」を「あがる」と読んでしまいました。次の日、保護者の方から、連絡帳2ページ分に「不安です」という言葉とともに漢字辞典の「上」のページのコピーが貼られていました。このとき、「あっ！　おうちの人、一人ひとりの大切な子を預かってるんだな」ということを強く自覚しました。そのことに気づかせていただけ、感謝しました。しかし、そんな気づきで急激に授業がうまくいくほど甘くはありませんから、毎日が不安でした。そんな僕に、校長先生がこう声をかけてくれました。「教師が学校を10楽しんでいたら、子どもは10のなかで楽しみます。教師が１００楽しんだら、子どもは１００のなかで楽しみます」。この言葉を聞き、とにかく毎日を笑顔で楽しんで過ごすことを決めました。

朝から夕方までの休み時間すべて、子どもと遊びました。1日にTシャツを5枚も着替えたこともあります。「えっ、丸付けは？」と思われた方もいらっしゃるでしょう。動けばアイデアが湧くものです。漢字ノートを1人2冊持ってもらい、1冊は預かっておいて、その日の放課後に丸付けをしました。どんな授業というのは思い出せないんですが、とにかく子どもと遊びを通してつながっていったのを鮮明に覚えています。

当時、理論的なことも何も知りませんでした。だから、あまりあれこれ考えなかったのがよかったのでしょう。教師と子どものつながり、子ども同士のつながりが遊びを中心に作られていきました。

遊びで築いた関係は、そのまま教室に生きてきました。僕のつたない授業にも一生懸命に耳を傾けてくれていたのは、毎日子どもと遊んだからだということは、まちがいありません。僕が子どものことを心から愛していたことが子どもたちに言葉ではなく、行動で伝わっていたからではないかと。だから、今も子どもたちと遊ぶことは大切にしています。

先輩から学ばせていただく

そのうち、子どものことがとても愛おし

くなってきました。「子どもがかわいい。だからもっと授業力をあげて、子どもを伸ばしてあげたい！」そんな思いが出てきました。そこで、周りにいる先輩にとにかく「聴く」ということを毎日、毎日、行いました。休み時間は、運動場に行く前に、周りの教室すべての板書を見ながら行きました。気になる板書はその教室の子どもと戯れるふりをして、少し長めに見ました。放課後は、漢字ノートを持って、他の先輩の教室に行きました。そこで板書についての質問だけでなく、日々の悩みや疑問を先輩にぶつけていました。先輩から聴いたことは、翌日、どんなこともやりました。しかし、先輩の言っていたように子どもが動きません。だから、毎日「何が足りないのか？どこを変えるといいのか？」と考えました。先輩方はうそは言いません。それでも、うまくいかないのは、僕にあってないのか、今の僕にできないのかのどちらかだと、原因は自分に返すようにしました。

　教えてもらってばかりの僕。周りの先輩より圧倒的に仕事の少ない僕。だから、毎朝、少しでもの恩返しと思い、職員室を掃除していました。自分にできることはないかと。だから、先輩から言われたことはなんでも「はい！」と言ってすぐに動きました。初めての運動会に向けての練習中、主任の先生に「金先生、ここに線を引いて」と言われすぐに動きました。しかし、ヤカンが見つかりません。困った僕は、次の瞬間、職員室の前の花瓶の花を抜き、花瓶で線を引いていました。今となっては笑い話ですが、先輩たちの役に立ちたい、少しでも近づきたいと夢中でした。

　僕には、今も達人という自覚はありません。日々、不安ななかで授業を考えています。学級経営を考えています。最悪を想定すると、いつもイメージは無茶苦茶だからです。「最悪を想定し、できる限りの準備をし、どっしりと、歩くように自然体で授業する。子どもと接する」。これも、先輩から教えていただいたことです。もし、自分の良さはと聞かれたら、人の意見に耳を傾ける素直な心と答えると思います。素直さだけが取りえ。そんな新任時代だったと思います。

返事は「はい」で

僕は、新任時代から決めていたことがあります。その仕事ができるのか、できないのかを自分の小さな世界で判断せず、どんなこともまずはやってみようということです。仕事を頼む人は、人を見て頼んでいます。つまり、「できるだろう」という見込みをもって、お願いしているわけです。仕事を頼む人も気を遣っています。そこまでして頼まれていることをむげにするわけにはいきません。また、人様に授業を見てもらえる機会があれば、率先して授業をさせてもらいました。1年目だけでも5回の研究授業はしました。

　僕は、「目の前のことに懸命に、全力で取り組んでいれば、自分の内側から天命に出会っていく」。そういうふうに考えています。夢や目標をわざわざ掲げなくてもいいと思っています。仕事を断らず、懸命に取り組んでいれば、その姿を見てくださっている方はいます。そうして生きていると、自分が困って悩んでいたら、誰かが手を差し出してくれるものです。今、自分のできる精一杯を生きる。それは、今もずっと、大切にしていることです。

［指導力向上のために］

人は人の中でこそ磨かれる

僕の教師生活を振り返ると、出会いがよかったとつくづく思います。特別に人より本を読んだとか、考えたとかいうことより、出会う先輩方が一つひとつ丁寧に教えてくれ、育ててくれました。出会いによって、僕の授業力は作られていきました。

先輩の姿から学び続ける

新任時代の指導教官であった稲葉先生は子どもに対し凛と接することのできる先生でした。先生は、厳しい先生でした。その厳しさは声を荒げるといったものではありません。だめなことは、だめと伝え、譲らない。なんのために、その行動をとるのかを丁寧に語る姿から多くの学びをいただきました。

2年目に出会った荒木先生は、子ども集団をまとめ、高めていくことがとても上手な先生でした。運動会の練習でも、先生の担当される学年は休み時間も楽しそうに練習していました。その秘密が知りたくて、毎日のようにご飯に連れて行ってもらい、お話を聞いていました。「子どもにだって思いがある。その気持ちを丁寧に読み取り、一人ひとりに合った方法で高めてあげる。そのための準備をしっかりとする」。そうしたことを実際に学級の様子を見せてくださりながら、教えてくれました。

もう一人、いつも僕の相談に乗ってくださったのが小花先生です。小花先生は、授業のなかでの子どもの捉え方についていつもアドバイスしてくれました。ある日、僕が、「先生、うちのクラスの子、手を挙げないんですよね」と相談しました。すると、「手を挙げてなくても、意欲的な子っていないのかな？　そのときは、わからなくても、ノートに書かしたら、しっかり書けてる子もいるよね。それって、自己表現できてない？」と逆にたずねられました。自分のせまい物差しだけで、子どもの姿を○、×と判断していることに気づかせてもらいました。子どもを多面的に捉えること、自分の正しいと思っていることを疑ってみることも大切だと感じました。

図工の評価をどうしたらいいのかわからないと話したときには、ご自身も成績処理で忙しいにもかかわらず、評価のポイントを伝えてくれ、評価もいっしょにしてくれました。

次の年の細川先生は、問題解決学習での話し合いについて、丁寧に教えてくれました。その次の年には、田中先生が指名なしでの話し合いや効果的な板書のあり方、子どもの話し合いのつなげ方などを教えてくれました。僕が出会ったなかで、いちばん授業が上手だなあ、そして、教育に対して全身全霊で取り組んでいらっしゃるなあと感じたのが田中先生です。田中先生に言われたことがあります。「金さんは、僕が伝えたことを、まるで自分が発見したかのように実践し、それを人に伝えるね（笑）。その素直さ、吸収力は本当にすごい」と。

　こうして、たくさんの方の支えや指導があって、今があるのはわかってもらえたと思います。僕自身、自分がセミナーの講師をするまで一度もセミナーには行ったことがありませんでした。すべては、身近な先輩方が熱心に、丁寧に教えてくれました。そのなかでも、僕の授業力を大きく育ててくださったのは、阪東本得校長先生です。

阪東校長先生のタッチ交替

　僕が、4年目になったときに阪東先生が校長先生として赴任されました。出会って、阪東先生に最初に言われた言葉は、「自分の好きな実践を思い切ってするといい。責任は全部とってあげるから」です。僕は、毎朝、校長室にあいさつに行きます。帰りは、校長室に「お先に失礼します」とあいさつに行きます。それは、今も続けています。阪東先生は、僕があいさつに来るのを見て、「こいつを鍛えていこう！　伸びるはずだ」と思ったと、話してくださいました。人との縁は、こうした小さなことが左右するんだなと感じました。阪東先生は、当時、大阪市教育研究会社会部の部長先生でした。赴任されてすぐ、3年後に社会科の全国研究発表大会の会場校になることが決まりました。阪東先生が赴任された年、僕は赴任校の校務分掌で研究部長に任命されました。教員4年目。学校には力のある先輩もたくさんいました。「どうして僕が？」と正直思いました。でも、頭であれこれ考えず、目の前のことに懸命に取り組みました。研究部長になってからというもの、毎時間のように僕の社会科の授業を見に来てくださいました。それだけではありません。授業をしていて、子どもの思考が止まると見るや否や、「ちょっといいかな。タッチ交替」とおっしゃって、授業を交替。さっきまで、ストップしていたはずの子どもたちが、息を吹き返したように活発になります。当時、その様子をビデオに撮り、何度も見直したのを覚えています。

　こうしているうちに、自分の授業力がついていました。阪東先生が来られて、年2回のペースで研究発表会をしていましたが、そのなかで、たくさんの方が授業を参観してくださるようになりました。そうした環境で、傲慢になりそうな僕を叱ってくださったのも阪東先生でした。ある年の校内の研究授業で僕の授業を見て、その後の討議会で「こんなのは、社会科の授業ではない」と一蹴されました。「これを良い授業として、傲慢になって、子どもに授業してたのか！」とはげしく反省するとともに、目からは涙がでてきました。討議会の後、自分の傲慢さが情けなくて、屋上で泣いたことを覚えています。自分のことを本気で考えてくれ、言いにくいことをおっしゃってくださったことに本当に感謝しています。

　読んでいただいておわかりのように、たくさんの方の支えのなかで、今の僕がつくられてきました。だから、僕は達人ではないと思うわけです。僕が達人ではなく、これまで出会ってくださった先輩方こそ僕にとっての達人なのです。

［代表的実践の誕生秘話］

教師も子どももワクワクして実践してみよう

子どもにしかできない方法で町を変えよう

教員9年目に「まちときどきカエル」という実践を3年生の子どもたちにしました。NPO法人スマイルスタイルのみなさんに協力いただいて、「子どもの力で町をハッピーにしよう」をコンセプトに、実践を考えました。

どうして、この授業をしようと思ったのかというと、子どもに「自分たちにできないことはない。工夫すればなんだってできるんだ！」ということを感じてほしかったからです。そして、すべての教科で学んだ力を生かしてみる機会を作りたかったからです。こうしたダイナミックな実践をしたいという思いが僕にはずっとあり、ワクワクして実践しました。

実践の流れは以下のようになっています。

> 実践の大まかな流れ
> ①自分たちの町がもっとこうなったらいいなということを出し合う。
> ②①のことがどうすれば実現するかアイデアを考える。
> ③計画、準備をする。
> ④実行し、振り返りを行う。①に戻る。

まずは、子どもたちと町を歩き、どんな問題があるのかを調べました。「町にはゴミが落ちている」「駅前には放置自転車が多い」「あいさつやありがとうの声が少ない」などということがあがりました。

そして、それらをどのように解決するのかを話し合いました。最初にブレーンストーミングでたくさんのアイデアを出します。そのときには、「そんなことしたら怒られる」「そんなん無理や」ということは考えないということがルールです。

そうして出てきたたくさんのアイデアから、おもしろそうで実現できそうなことを考えていきます。もちろん、このときには、教師からもさまざまな意見を出します。

どのような実践をしたのか紹介します。

町をきれいにする

看板を持って町のゴミ拾いをする。看板には「いっしょにゴミを拾いませんか」と書いてあり、それを見たら、手伝ってくれる人が増えたり、ゴミを捨てないようになったりするのではないかと子どもたちは考えました。手伝ってくれた人には、子どもたちの手作りメッセージカードをプレゼントしました。

放置自転車・信号無視をなくす

駅前に行って、署名を集めました。説明する紙には、放置自転車や信号無視がなぜいけないのかを書いてあるのとともに「あなたがしないというのなら、ここに署名してください」と書きました。

これを持った子どもたちに迫られると、なかなか断れません。実際にたくさんの署名を集めました。

ありがとうを町に増やす

大人の手のひらサイズのハート形をピンクの画用紙でつくります。その紙に保護者の方や町の方に、最近あったありがとうと思うことや普段伝えられない感謝の気持ちを書いてもらいます。

そして、5枚を花びらのように台紙に貼るとありがとうの花ができあがります。

それを、地域の銀行やスーパーマーケット、駅に一定期間掲示してもらいました。

あいさつを町に増やす

あいさつを町に増やすために子どもたちが考えたのがあいさつ自動販売機です（「使用方法」は54ページ参照）。あいさつ自動販売機とは、以下のような仕組みになっています。

子どもがなかに入る自動販売機は、段ボール工場にお願いにあがり、印刷ミスしたものなどをいただきました。さらにその会社の方に来ていただき、段ボールの工作のゲストティーチャーをお願いしました。

あいさつ自動販売機は、子どもたちはよっぽど楽しかったのか、その後、計4回、町に出て行いました。

1回目は、地元の駅で行いました。

2回目は、4年生になって、地元の商店街で行いました。自動販売機の柄のなかには、設置するお店の宣伝を描いたグループもありました。

3回目は、ハロウィンに天王寺駅というターミナルになっている駅で行いました。ハロウィンに行うのだから、お菓子を配りたいという案が子どもから出て、製菓会社に趣旨を説明し、お菓子をいただき、あいさつとともにお菓子を配りました。

4回目は、大阪の子どものあこがれ、吉本興業の芸人さんといっしょにやりたいと子どもたちが提案。その気持ちが見事、通じ、新喜劇の辻本茂雄さんといっしょに天王寺駅で行うことになりました。町に出る前には、辻本さんからあいさつに関するギャグを伝授してもらい、実践をしました。

クリアしないといけないこと

こうした町に出る活動でいちばん考慮しないといけないのは安全面です。この実践の場合は、保護者のみなさんに趣旨を説明する手紙を配り、活動する日は見守ってもらえるようにしました。見守ることで子どもの姿を参観することができ、保護者の方にとってもよかったように思います。

また、活動するときにアポイントをとる必要もあります。今回であれば、駅やスーパーマーケット、銀行、商店街組合、地域の町会など、さまざまなところに協力をお願いし、実現できました。

一見、面倒なようではありますが、これがきっかけで地域の方とのつながりを作る機会になりました。

[あいさつ自動販売機の使用方法]

①あいさつ自動販売機のなかで、
子どもたちはお客さんを待っています。

②子どもたちが配っている
チケットを受け取ります。

③あいさつ自動販売機に子どもたちから
受け取ったチケットを入れると……。

④「おはようございます。そのめがね、
すてきですね」と、うれしくなる言葉と
いっしょに元気なあいさつが。

あいさつをされた人が、また、別の人にあいさつをして……。あいさつと笑顔がどんどん広がって、日本中がハッピーになっていきます。

学んだことを生かす機会

子どもたちは、これまで教科で学習してきたことを生かすことになります。

例えば、活動をお知らせするポスター作りでは、キャッチコピーやイラストを描かなければいけません。町の人に協力を求める依頼文作りでは、文章の構成を意識し、丁寧な字で書かなければいけません。自動販売機を作るためには、工作もしないといけませんし、実際、町に出ると自分たちの活動を大人に自分の口で説明しなければなりません。国語で学習したことを実際に使ってみて、わかっていることとできることは違うことにも気づきますし、これからの学習で学ぶことの意味を感じることのきっかけにもなります。

子どもの社会だけでは見えない、実際の社会を少し体験することで、日々の学びがどのように生きていくのかを感じられるのです。

この活動をしていて、特に「いいな」と思ったのは、子どもが良い活動と思ってやっていることが、町の人すべてには受け入れてもらえないという経験でした。

例えば、あいさつ自動販売機では、あいさつ自動販売機で使用するチケットを最初に町の人に配りながら、趣旨を説明しないといけません。場所は駅なので、足早に歩いていらっしゃる人もいます。

なかには、不機嫌そうな方もいらっしゃいます。学校のなかでは、できそうだったイメージが崩れていき、声すらもかけられないという子が多く出ます。

しかし、それを突破し、何度断られても、チャレンジする子がいます。それは、普段の学校のいちばんの物差しになってしまうおそれのある「学力」ではない、しかし、社会で生きていくうえで必要になる力をもっている子です。

その子の成功であいさつ自動販売機を体験した人が笑顔になり、お礼を言われる姿を見て、声をかけるのにためらっていた子が動きはじめられるようになります。

活動の後半には、どの子も何度断られても、何度も声をかけ続けていました。

感想には、「機嫌が悪そうな人に声をかけ、体験してもらったら、笑顔になってうれしかった」「不良かなと思う人に声をかけたら、意外と優しくて驚いた」「忙しくて断る人がいたり、興味がなさそうな人がいたりしました。自分の思いだけで誰でもやってくれるんじゃないんだなと思いました。でも、声をかけないとあいさつも広まらないなとも感じました。何回断られても、がんばった自分をほめたいです」というものが多く見られました。

教師自身が楽しむこと

この活動でいちばん感じたのは、教師自身のワクワク感の大切さです。

初任の頃の校長に言われたこと。

教師の楽しみのなかで子どもは楽しむということ。

本当にそうだなと思いました。これからも楽しんで実践したいです。

年譜
――金　大竜――

2002年（22歳）　小学校教諭になる。

2004年（24歳）　初めての卒業生を送り出す。学級があまりうまくいかず、教師を続けていてよいのか迷う。祖母の死をきっかけに「日本一の教師」になろうと志す。

2005年（25歳）　大阪教育大学大学院入学。心理学を学ぶ。働きながら夜間、大学院に通いはじめる。仲間と教育サークル「教育会」をスタートさせる。大阪教師塾に入塾。原田隆史先生から指導を受ける。大阪教師塾でメンターの大谷育弘先生と出会う。

2006年（26歳）　大学院を卒業する。

2007年（27歳）　大阪便教会で学びはじめる。

2008年（28歳）　全国社会科研究発表大会で社会科の授業を公開する。

2009年（29歳）　大阪市の授業名人ＤＶＤの第１号として、社会科の授業が大阪市の各小学校に配付される。「まちときどきカナル」の実践を行う。

2010年（30歳）　結婚。

2011年（31歳）　土作彰先生と出会い、講座の講師をするようになる。初めての本『日本一ハッピーなクラスのつくり方』の執筆。ある日、学校に行くと職員室の机の上に執筆依頼とプロットが送られてきていた。父親に報告し、父親が喜んだので執筆することを決める。

2012年（32歳）　初めての転勤。『教師のチカラ』編集委員になる。『日本一ハッピーなクラスのつくり方』発刊。

2013年（33歳）　『ハッピー先生のとっておき授業レシピ』『金大竜――エピソードで語る教師力の極意』『子どもが教えてくれたクラスがうまくいく魔法の習慣』発刊。

2014年（34歳）　『新任3年目までに身につけたいクラスを動かす指導の技術！』発刊。

2015年（35歳）　現在。

●きむ・てりょん●
1980年大阪府生まれ。
大阪府大阪市立千本小学校教諭。

file:006

新しい道徳授業づくりに夢中だった20代

今へ続く道
―偶然の出会いを自然体で受け止めて―

佐藤幸司
Koji Sato

道徳との出会い
道徳教材を自分でつくりはじめた新採時代

道徳教材づくりのはじまり

２０１５（平成27）年度で、私は教職30年目を迎えます。この30年間、ずっとオリジナルの教材を使って道徳授業をやってきました。正確に数えたことはないのですが、自分で開発した道徳教材は１５０を超えるくらいの数になると思います。

「どうして、そんなに道徳に入れ込んでいるのですか」と聞かれることがあります。

私は、最初から道徳授業づくりに燃えて教師になったわけではありません。初任の学校が道徳教育の研究指定を受けていたという、きわめて平凡なことがきっかけとなって、道徳授業づくりをはじめました。

動機やきっかけは、立派じゃなくてもかまわないのです。むしろ、偶然の出会い、偶然の巡り合わせを自然体で受け止めて、それを楽しみながら教師という仕事を進めていきたいと思っています。

初任者研修の制度は、私が教師になったときにもありました。ただし、内容は今よりもずいぶんシンプルでした。校内での授業研究会が数回あり、あとは教育委員会主催の初任者研修会に何度か参加するという内容でした。

道徳教育の研究指定校ですので、当然、校内で行われる授業研究会も道徳が中心でした。私は、初任研として行われる校内の授業研究会で、最初から、道徳の教材を自分でつくって授業を行いました。

当時は、「副読本を使わない授業は、道徳とは言えない」と、真顔で言う方が多かったのです。

けれども、副読本（読み物資料）を使った道徳授業は、私の目には魅力のないものに映りました。どうも、性に合わなかったのです。

副読本には、確かに「いいお話」がたくさん載っていました。どれも、正しいことばかりが描かれた資料でした。でも、あまりにも短絡的な内容が多すぎました。

いちばんおもしろくないのは、一読しただけで結論が見えてしまう資料です。すると、子どもたちは、「今日の授業で、先生はこういうことを言ってほしいんだな」と見抜いてしまいます。

使いたい資料が、副読本にはない。だから、自分でつくる。

これが、私の道徳教材づくりのはじまりでした。

童話で授業をつくる

教師になった最初の年（１９８６年）に、新美南吉の「神さまのめぐみ」という童話を使って道徳授業を行いました。これは、初任者研修を兼ねて校内授業研究会として実施した授業です（５年生）。

そのときに書いた指導案が、本棚の奥深くから出てきました。まだ、パソコンはもちろん、ワープロもあまり広まっていない時期の手書きの指導案です（指導案は、方眼紙にえんぴつで書かれています。これを輪転機でくるくる回して印刷していました）。

下に載せたのは、その指導案（実物）の「資料について」の欄です。

すぐ結論が見えてしまうような授業はしたくない。

きれいごとだけが飛び交うしらじらしい授業はしたくない。

そんな思いが、30年前の私から今の私へ、伝わってきます。

［5年道徳指導案「資料について」］

・資料は、「神様のめぐみ」（新美南吉作．旺文社ジュニア図書館「百姓の足，坊さんの足」より）を使う。
本資料中の不幸な主人公メイムは、生きるためにどうしようもなくて盗みを働いてしまう。そんなメイムに対して、役人たちは、ムチでうちつけ、群衆は、好奇の目でメイムを見る。牧師は、ただ神のめぐみだけを説く。メイムは、神様は、自分のことだけを忘れているんだと考え出し、盗みをくり返し、ついには、ろうやの中に入れられてしまう。

確かに口では、正しいようなことを言う人たちが、結局は、メイムに対しては、何もしてくれなかったことを理解させ、不幸な人には、言葉だけでなく実際に親切にしてあげることが大切であることを考えさせたい。

新美南吉の童話を使った理由は、大学4年生のときの教育実習にさかのぼります。5年生の担当になった私は、国語「大造じいさんとがん」（椋鳩十）の授業を行いました。そのときの担任の先生が、子どもたちは4年生のときに動物が出てくる物語として「ごんぎつね」（新美南吉）を学習している、ということを教えてくれました。そこで、教育実習で授業を行うための「下調べ」として、「ごんぎつね」を読んでみたのでした。そして、「ごんぎつね」が収められている本のなかに、「神様のめぐみ」も入っていたというわけなのです。

［指導力向上のために］

法則化運動から道徳授業改革運動へ

法則化運動との出会い

20代の先生方は、「教育技術の法則化運動」をご存じでしょうか。向山洋一先生が代表を務め、20世紀の教育技術の集大成をめざして行われた教育改革運動です。

全国各地に教育サークルが生まれ、勤務を終えた夕方7時頃から公民館やファミレスなどに集まり、教育実践レポート検討会が行われました。この検討会は、サークルの「例会」と呼ばれ、月に2回ほど開催されていました。

私に「法則化サークル」のことを教えてくれたのは、同じ年に教師になった大学時代からの友人です。彼は、山形県内で最初に立ち上げられたサークル「法則化日本海」で学んでいました。法則化日本海のサークルは、鶴岡市内の旅館の一室を借りて行われていました。いっしょに夕食をとり、その後、9時頃までレポート検討会が行われました。私がサークルに初めて参加したのは、教職3年目の年でした。

私が勤務していた最上町から鶴岡市までは、車で片道2時間ほどかかりました。サークルがある日には、学校を出るとすぐに会場に向かいました。例会に参加するには、実践レポートを持参するのが必須条件です。自分の授業実践をレポート数枚にまとめて、例会に持っていきます。そして、実践レポートは、少しの遠慮もなく、サークルの先生方から「斬られる」のでした。

「斬られる」とは、具体的に厳しく批判してもらうことを意味します。お世辞や表面的なほめ言葉はまったくありません。ただし、批判する側にも条件がありました。

それは、代案を示すことです。

「自分なら、こうする」

「ここは、こう問いかけるべきだ」

批判は、創造的な業績です。逆に、代案を示さない（示せない）批判は、ただの非難に過ぎないのです。

こんな話を聞くと、「学校の仕事だけでも忙しいのに、わざわざレポートを書いてサークルに参加するのですか⁉ 大変じゃないのですか」と、疑問を感じる方もいるかもしれません。

私にとって、サークルに参加して自分の授業実践を批判してもらうことは、大きな刺激であり励みでした。「大変さ」を超える充実感が、サークルでの学びのなかにあったのだと思います。

例会を終えると、その夜は友人のアパートに泊めてもらい、教育談義が続きました。

そして、翌朝は早起きして勤務校へと車を走らせました。今思えば、お互い独身で20代半ばという若さがあったからできたことかもしれません。

道徳授業改革運動へ

1989（平成元）年2月、群馬県小学校教師である深澤久先生が、道徳授業を研究実践する全国ネットワーク・略称(道)（マルドウ）を立ち上げました。法則化運動のなかにあって、道徳を専門に研究するネットワークです。この(道)こそが、現在の道徳教育研究団体「道徳のチカラ」のルーツなのです。

(道)の立ち上げは、当時の教育月刊誌で大々的に紹介されました。それを見た全国の志ある教師は、深澤先生の自宅に道徳の授業記録を送りました。もちろん、郵送で、です。

今であれば、授業記録は、Eメールの添付ファイルとして簡単に送信できますが、当時は、まだEメールはもちろん、ファックスも普及していなかった頃です。NEC「文豪」、シャープ「書院」というシリーズのワープロが、職員室に個人で持ち込まれはじめた頃でした（ちなみに、私は、「文豪」を愛用していました）。

深澤先生宅に郵送された授業記録は、「(道)通信」として発行されました。「発行」というと、冊子のような響きがありますが、B4判のざら紙に手書きの通信を印刷して、それを封筒で送るシステムでした。

教育月刊誌における呼びかけで(道)の立ち上げを知った私は、その年の5月に深澤先生に初めて手紙を出しました。同封したのは、イソップ童話の「ろばを売りに行く親子」を資料とした指導案と授業記録です。

指導案は、B5判13枚＋B4判（本時の指導）1枚に及ぶものでした。校内の授業研究会として行った授業でしたので、指導案の形式については、必要事項が書かれていれば、枚数等は授業者に任されていたのだと思います。私が、教師になって4年目の年に書いた指導案です。

深澤先生からは、すぐに速達で返事が届きました。手紙の最後には、下のようなしゃれた言葉が添えられていました。これが、私と深澤先生との出会いでした。

教育技術の法則化運動は、20世紀をもって解散となりました。私は、深澤先生が主宰する道徳教育研究団体で学び、現在は「道徳のチカラ」の代表を務めています。(道)からはじまった私たちの研究団体は、今年で25周年を迎えます。

自分の若手教師時代を振り返るとき、法則化運動との出会いは、私にとって欠くことのできない出来事です。

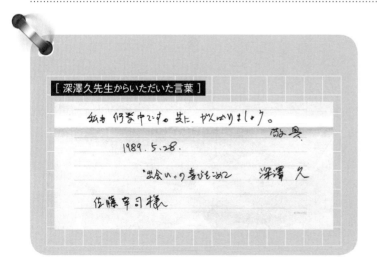

［ 深澤久先生からいただいた言葉 ］

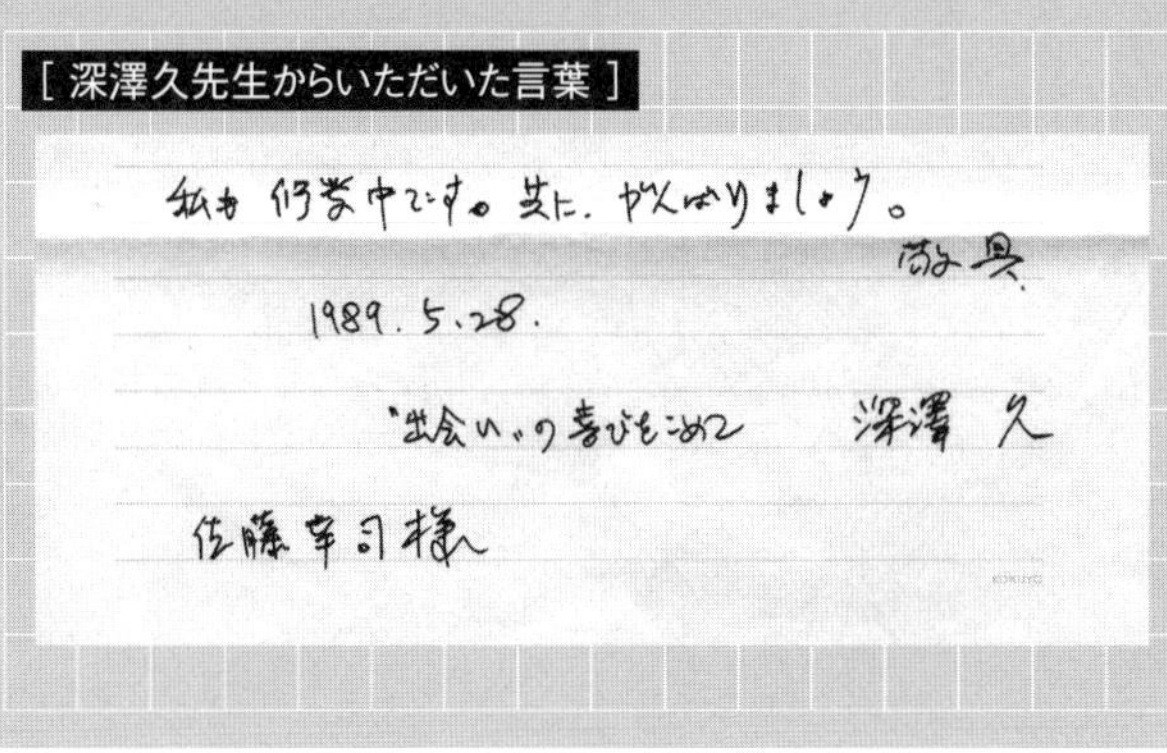

盲導犬サーブの授業

［代表的実践の誕生秘話］

父から聞いた衝撃の事実

私の父は獣医師で、保健所に長く勤務をしていました。新採から3年間、教員住宅に住んでいた私は、週末、山形市の実家に帰ると、父と酒を酌み交わすことがよくありました。

ある日、父がこんな話をしました。

「知っているか？　保健所で処分される犬のほとんどは、飼い主が持ってくる犬なんだぞ」

もちろん、私は、そんな事実を知るはずもありません。父の言葉に驚くばかりでした。

下は、父から送ってもらった「犬の処分」に関する資料です。

［「犬の処分」についての資料］

保健所で捕えた犬の数（A）

（A）のうち飼い主が引り返した犬の数、ほとんど

第40表　犬による被害と行政処分状況及び捕獲犬数等実績

項目 \ 保健所		山形	寒河江	村山	新庄	酒田	鶴岡	長井	米沢	合計	前年度
捕獲犬数等	捕獲犬数(A)	501	84	170	131	222	193	45	139	1,485	1,615
	返還頭数(B)	64	9	16	12	44	37	8	27	217	283
	引取り数(C)	726	82	218	248	496	267	19	158	2,214	1,944
	処分犬数 (A)－(B)＋(C)	1,163	157	372	367	674	423	56	270	3,482	3,276
	野犬 回数										
	[illegible] 頭数										

処分は薬で殺処分（ストリキニーネという薬）します

（「犬による被害と行政処分状況及び捕獲犬数等実績」山形保健所＜昭和63年＞より）

1年間（1988〈昭和63〉年）で、山形県内で3482匹の犬が処分されています。そのうち、2214匹は、飼い主が「処分してほしい」と保健所に連れてきた犬なのです。これは、全体の6割以上の数にあたります。

保健所の仕事の一つとして、野良犬の捕獲や飼い犬の引き取りがあることは知っていました。けれども、この処分数は衝撃的な事実として私の心に重く響きました。

資料がつながり　授業が生まれる

同じころ、私は、ある広告に出会いました。AC公共広告機構（現在の「公益社団法人ACジャパン」）の「盲導犬サーブ」の広告です。

サーブは、主人を交通事故から救うために車に飛びかかり、自分の前足を失った盲

導犬です。サーブの写真のわきには、「サーブは、もっと歩きたかった」という言葉が添えられています。もともとは、交通安全を願う広告だったのです。

サーブと出会ったとき、私は、子どもたちに伝えたい何かを強烈に感じたのでした。そして、同時に、父から送ってもらったあの資料がサーブにつながっていったのです。

私は、さっそく授業を行いました。

授業では、左の表を作成して子どもたちに提示しました。

子どもたちに提示した「犬の処分」についての表

	最上地区	山形県全体
つかまえられた犬	131	1485
ひきとりにきた犬	12	217
？	248	2214
処分された犬	367	3482

「捕まえられた犬の数よりも、処分された犬の数のほうがずっと多くなっています。『？』は、どんな犬なのでしょうか」

こう問いかけましたが、子どもたちは誰も想像がつきませんでした。

飼い主が「処分してほしい」と保健所に連れてきた犬であることを知らせると、子どもたちからは、「かわいそうだ」「最初から飼わなければいいのに……」という声があがりました。

ここで、全員に目をつぶらせ、サーブの写真を一人ひとりに配りました。サーブの生き様を伝えたあと、授業の感想を書かせました。

これが、最初の「盲導犬サーブ」の授業です。前半で「保健所で処分される犬」の資料を提示して、「人間はなんてひどいことをしているんだ」という「陰の部分」を強調します。後半で「盲導犬サーブ」の写真を提示して、「人間はひどいことをしているのに、こんなに人間思いのすばらしい盲導犬がいるんだ」というメッセージを伝えます。そして、「この事実をどう思うか？」と問いかけています。

今思えば、かなり荒っぽい展開です。

けれども、授業を実施した翌日、ある「異変」が起きました。サーブへの手紙を書いてきた子がたくさんいたのです。

宿題を出したわけではありません。まして、手紙の相手は「犬」です。それでも子どもたちは、サーブへの手紙を書いて、私に持ってきたのでした。

私は、このとき、道徳授業の手応えというものをはっきりと実感したのでした。

私の本格的な道徳授業づくりは、「盲導犬サーブ」からはじまったのです。

授業は進歩し続ける

サーブの生き様を伝える――。それが、「盲導犬サーブ」の授業の骨格です。サーブのことを伝えるのに、もっと資料はないのだろうかと探していたところ、サーブの絵本が発刊されていることを知りました。

※これも、今であればネット検索ですぐ知ることができますが、当時は図書館や書店に足を運んで探したものです。古き良き時代です……。なお、私は、いつしか「保健所で処分された犬」の資料は、「盲導犬サーブ」とは切り離して考えるようになりました。はっきりした理由はわかりませんが、おそらく、世の中の「陰の部分」を強調した資料を子どもたちにぶつけることに抵抗を感じたのかもしれません。

絵本の書名は、『えらいぞサーブ！』（手島悠介・文、清水勝・絵、講談社）です。この絵本は、一時廃刊になっていましたが、

2000（平成12）年4月に改訂版が発刊されています。

最初の版『えらいぞサーブ！』は、次の文章で終了しています。

「サーブ、本当にえらかったね。ながいきしてください。かめやまさんにいつのひか、あたらしいもうどうけんがきてもやきもちをやかないでね。だって、きみのどうぞうをたてようというはなしもすすんでいるんだもの」

この絵本の続編となる『天国へいったサーブ』（手島悠介著、講談社）には、サーブの銅像がJR名古屋駅前に建てられたことが記されています。銅像の除幕式には、サーブと主人である亀山さんがともに出席し、その写真が掲載されています。

今、サーブは天国に昇り、この世にはいません。ならば、せめて銅像に会ってみたい。そう私は思いました。

1997（平成9）年の夏休み、毎年群馬県で開催されていた㊤の研究会（道徳教育フォーラム）が終わった後、私は名古屋まで足を延ばし、サーブの銅像に会いに行きました。サーブは、3本の足でしっかりと立っていました。銅像には、当時の中曽根首相からのメッセージが記されていました。

「紙芝居の読み聞かせで、子どもたちにサーブの生き様を伝えよう。読み聞かせの後、サーブの銅像の写真を提示する。そして、授業の最後に、子どもたちにこの写真をプレゼントしよう。子どもたちは、この写真を見るたびに、サーブのことを思い出してくれるだろう」

私は、そんな思いでシャッターを押しました。

私は、さらにいくつかの資料を準備しました。ホームセンターで購入した「ペットお断り」のステッカーや学区内のコンビニからもらった「盲導犬同伴可」のステッカーです。紙芝居へと続くステップとして、盲導犬に対する正しい知識を教える必要があったからです。

その年の秋、私は、茨城大学教育学部附属小学校で道徳授業を行う機会をいただきました。使用した教材は、もちろん「盲導犬サーブ」。日本教育技術学会での授業でした。

授業では、まず、ステッカーやポスターを提示して盲導犬についての理解を深めました。

［「盲導犬サーブ」の像］

［「盲導犬サーブ」の授業後］

『えらいぞサーブ！』の読み聞かせは、絵本をカラーコピーした自作の紙芝居で行いました。道徳授業に読み聞かせを取り入れるという展開も、当時は珍しかったのです。

64ページに掲載したのは、授業を終えた直後の写真です。子どもたちが私を取り囲んでくれました。サーブは、私にこんなすてきな出会いをプレゼントしてくれました。

JR名古屋駅の改築に伴い、サーブの銅像は、一時期、歩道橋の階段下に移されました。階段が屋根の代わりになり雨はあたらないのですが、あまり目立たないちょっと寂しい場所でした。

その後、市民の方々からの意見・要望があり、名古屋市中区栄にお引っ越しをしました。現在、サーブの銅像は、地下鉄栄駅14出入口のところに建っています。

お引っ越しを済ませたサーブに会いに行ったとき、私は、あることに気づきました。

サーブの顔の部分の色（塗装）が薄くなっているのです。なぜだと思いますか。

それは、サーブに会いに来た人たちが、サーブの顔をなでていくからなのです。「サーブ、がんばったね」という言葉をかけて顔をなでていくのでしょう。

よく見ると、もう一カ所、色が薄くなっている箇所がありました。どこだと思いますか。それは、けがをした足の部分です。

顔をなでた後、切断してしまったサーブの左前足をなでて、「痛かったね。えらかったね」と語りかけていくのです。

色が薄くなっている箇所から、人々の思いを察することができます。私は、この事実を、「盲導犬サーブの授業」の新しい資料として加えることにしました。

「盲導犬サーブの授業」は、私が新しい学級を担任すると、毎年4月に実施している授業です。「サーブの生き様を伝える」という根幹は変わりませんが、授業を実施するたびに、いくつかの新しさが加わります。

それが、授業の進歩なのです。

ゼロをめざして　授業が復活

ところで、保健所で処分される犬の数は、今、どうなっているのでしょうか。

「93」。これが、２０１２（平成24）年に山形県で処分された犬の数です（山形県動物愛護管理推進計画より）。

１９８８（昭和63）年には、３４８２匹の犬が処分されていたことと比べると、25年の月日と共に、その数は２・６パーセントにまで激減しています。

動物愛護法の改正により、各自治体では、犬猫の殺処分を減らす取り組みを、積極的に行ってきました。もちろん、飼い主の意識の高まりも大きな要因です。

先日、〝出会えた命を「終生」大切に！〟という言葉が添えられている環境省のポスターをホームセンターで偶然に見かけました。

このポスターは、私に「あの資料」のことをすぐに思い出させてくれました。悲惨な事実を子どもたちに突きつけるのは、大人の無責任です。子どもたちには、明るい未来を示さなければなりません。

人々の努力によって、処分される犬の数はここまで減ってきました。「ゼロをめざすこと」は、夢物語ではありません。今、25年前に父からもらった資料を再構成して、新しい授業をつくってみようと思っています。

年譜 ― 佐藤幸司 ―

1986年（23歳） 小学校教師になる。大学では、英語を専攻。
初任の学校が道徳教育の研究指定校だったことから、道徳教材開発に興味をもつ。

1988年（25歳） 法則化運動に出会い、県内のサークルに通う。

1989年（26歳） 深澤久氏による「全国ネット・道徳授業記録」略称(道)に参加。
この年の夏、「第1回(道)全国合宿」が群馬県前橋市で開催される。

1992年（29歳） 最初の著書『温かいネタで創る「道徳」授業』を発刊。温かみを感じる素材でつくる「ほのぼの道徳授業」を提唱する。

1994年（31歳） 現職教員の研修制度として、山形大学教育学部教育学研究科（修士課程）に入学。伊勢孝之氏の研究室で道徳教育を学ぶ。修理論文は、「『道徳』授業改革に関する一考察」。

1997年（34歳） 日本教育技術学会第11回全国研究大会茨城大会にて、盲導犬サーブの授業を公開。

2001年（38歳） 『とっておきの道徳授業』を発刊。
プロ野球選手を扱った授業記録が話題となり、「スポーツ報知」全国版の一面で書籍が紹介される。
『とっておきの道徳授業』シリーズは、以後、1年間に1冊のペースで発刊を続けている。

2005年（42歳） 読売新聞「教育ルネッサンス」に授業実践が掲載。

2007年（44歳） 朝日新聞「花まる先生」に授業実践が掲載。
NHK山形「ニュースアイ」で授業の様子等が、県内・東北版として放送。

2008年（45歳） 道徳授業の実践的理論書『道徳授業は自分でつくる35の道しるべ』を発刊。

2009年（46歳） SAY（山形サクランボテレビ）「話題の扉」で授業の様子等が県内版で放送。

2010年（47歳） 児童理解・学級づくりの著『プロの教師のすごいほめ方叱り方』を発刊。

2011年（48歳） 深澤久氏から、道徳教育研究団体（道徳教育改革集団）の代表を引き継ぎ、団体名を「道徳のチカラ」とする。

2013年（50歳） NHK山形「どう教える道徳授業」で授業の様子等が、県内・東北版で放送。同じく、「おはよう日本」で全国放送される。
教務主任の実践書『教務主任の仕事術55の心得』を発刊。

2014年（51歳） 『とっておきの道徳授業12』を発刊。
夏、通算25回目となる「道徳のチカラ全国大会」を都内にて開催。

2015年（52歳） 教職30年目を迎える。

●さとう・こうじ●
1962年山形県生まれ。
山形県山形市立宮浦小学校教諭。

file：007

コンビニ以前に
24時間営業だった20代

今の私を支える全力10年

杉渕鐵良
Tetsuyoshi Sugibuchi

授業で、一人ひとりを伸ばす！

［初任の頃の授業］

教師になって1年目。子どもたちにノートを使わせませんでした。すべて、ワークシートをつくりました。

毎時間の指導案（略案）を書き、授業に臨みます。終わると、反省、分析を書きます。教育実習の延長のようなものです。国語と算数は、必ず書いていました。毎日遅くまで学校で、仕事をしました。やりたいことがたくさんあり、いくら時間があってもたりませんでした。

読み・書き・計算

大学の頃『見える学力、見えない学力』を読みました。ぜひ、取り組んでみたいと思っていました。岸本裕史先生の本は、すべて読みました。学力の基礎をきたえ落ちこぼれをなくす研究会（現在は、「学力研」）の研究会にも参加しました。

毎日、基礎学力づくりを行いました。算数では、100マス計算に取り組みました。

2年生なのに、1年生レベルの計算が全然できません。指を使っている子もいます。当然できているはずのことが……できないのです。新卒の私は、不思議に思いました。指導技術もありません。

「やれーっ」

根性論丸出しの指導でした。

できなくて泣いた子もたくさんいました。

毎日取り組みました。算数の時間というより、朝一番で行います。計算、漢字、音読は、続けて行いました。

子どもたちは、少しずつ時間を縮めていきました。家でたくさん練習する子は、ぐんと伸びました。毎日やること、回数を重ねることが大切だと、実感しました。

3分でできるようになった子には、賞状を渡しました。賞状がほしくて、がんばる子も出てきました。

だんだん、3分を切る子が増えてきました。全員が、3分切れるようになりました。

次は、2分です。2分は、3分とは次元が違います。難しいです。しかし、子どもたちは積極的に挑戦しました。3分切ったという自信が、彼らを支えたのです。成功体験をすると、やる氣が増幅されることがわかりました。いやがっていた子が、プリントを何枚も持ち帰り、進んで練習するのです。とうとう、全員が2分以内にできるようになりました。

同じ数を10回たす10回たし、同じ数を10回引く10回引きにも、取り組みました。

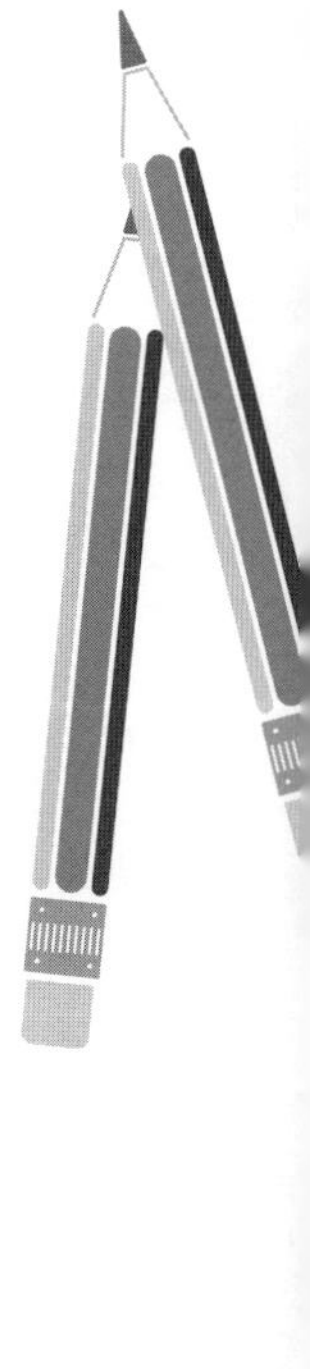

100マス計算で得た自信がやる氣を増幅させたようです。5桁以上のたし算、ひき算も行いました。

子どもたちは、ぐんぐん進歩しました。

国語では、音読と漢字、視写に力を入れました。

教室節と言われる読みはおかしいと思いました。私のまねをさせました。

この頃から、おもしろおかしく読ませていました。『ろくべえまってろよ』(灰谷健次郎)では、犬の鳴き声は本物の犬のように読みました。教師のまねをすることで、子どもたちの読みはよくなりました。演劇のような音読(表現読み)は、1年目から取り組んでいました。

400字詰め原稿用紙を使い、視写の学習をさせました。半分に、教材文を書きます。教師の手書きです。半分に、それを写すのです。毎日1枚行いました。子どもたちは、字が上手になりました。

視写した教材を使って、授業をしました。

読み聴かせ

4年生のとき、担任の先生が毎日読み聴かせをしてくれました。その先生のおかげで、私は読書が好きになりました。

毎日、子どもたちに読み聴かせをしました。年間300冊ぐらいは読んだと思います。多くは、絵本です。自分で買った本を中心に毎日数冊読み続けました。子どもたちは、本が大好きになりました。

文学の授業

10月、先輩に誘われて日本文学教育連盟の研究会に参加しました。竹内キサ先生の授業を見て、ショックを受けました。『くましんし』(あまんきみこ)の授業です。教師が発問しないのに、子どもがどんどん発言するのです。自分の授業とは次元が違う授業でした。先生に教えていただき、サークルに通うことにしました。

書き込み、自主発言の授業に変えました。

授業前、印刷した教材文に、自分の考えを書かせます。授業終わりに、まとめを書かせます。まとめの中から、典型になるものを選び文集に載せました。授業前の書き込み、自主的な発言、授業のまとめを書くことで、子どもたちの力がぐんと伸びました。特に伸びたのが、考える力です。

西郷竹彦先生の本を読み、理論も勉強しました。

作文

授業では、必ずまとめを書かせていました。学習作文です。どの教科でも書かせていました。子どもたちは、書くことが苦ではなくなりました。

1月から、日本作文の会に参加しました。それから、子どもたちに生活作文を書かせました。日記もたくさん、書かせました。

文集をたくさんつくりました。理科の学習のまとめ、自由研究のまとめなどなど。文集づくり、製本の仕方は、先輩の先生に教えていただきました。

全員できる運動

「全員ができる」ように、指導しました。

100マス計算だけでなく、体育でも全員できるように指導しました。逆上がり、側転、ブリッジ、泳ぎなど、子どもたちはどんどんできるようになりました。

［指導力向上のために］

努力の生活化

教師になった以上、「子どもにとって価値ある教師になりたい」。誰もが思うことでしょう。ただし、実現するかどうかは、その人の努力にかかっています。

新卒の頃から、仕事量はすごかったようです。自分では、その自覚がありません。1日24時間すべて教育に使っていたことは確かです。コンビニに先駆けて、24時間営業をしていました。

たとえば、次のことをしていました。

毎日記録を書く

●原稿用紙20枚程度の実践記録。
●一人ひとりの記録（全員分）。
●寝る前に、一人ひとりの姿を思い出す。

学級通信は、毎日発行しました。
多いときは、1500号を突破しました。

毎日見ること、毎日書くことで、感覚が研ぎ澄まされてきます。

あるとき突然、見えないものが見えてきました。今までと、世界が違って見えました。

教材研究

暇さえあれば、教科書を見ていました。
見開きで、発問を100つくりました。
必ず、指導案を書いて授業に臨みました。
いちばんたくさん書いたときは、1単元で1000枚（原稿用紙）くらいです。

聴く

1日1時間は、授業を録音しテープを聴きました。テープを聴き、授業の反省を書きました。

「これは、私じゃない」
あまりにも下手くそだ。
「いや、私である」

認めたくないのですが、認めざるを得ません。しゃべりすぎ、不明確な指示、叱りすぎ……すべて、イメージと違った自分がそこにいました。

自分では、けっこういいと思っていたのです。聴くと、イメージと実際のズレを感じました。感じるどころではありません。強烈に突き刺さりました。言い訳が、できません。

毎日聴くと、変革を迫られます。

実践開発

新卒の頃から、自分流の実践を創ろうと

思っていました。

形になってきたのは、7年目。「基礎の時間」「横軸の時間割」「ユニット授業」その他いろいろ杉渕流の実践が誕生しました。

しっかりした形になったのが10年目。

やはり、自分を創るには10年かかるのです。

サークル

多いときは、8つのサークルに入っていました。はっきりいって、やり杉です(笑)。

どのサークルにも、必ずレポートを持っていきました。

法則化「東京青年塾」での1年間が大きかったです。向山洋一先生に、1年間みっちり学びました。先生が言ったことは、ひと言ももらさないように、全身全霊で聴きました。帰りの電車、次の日の朝、学んだことを書きました。

いつも「量だけだね」といわれました。

「次いきましょう」

1カ月間一生懸命書いたレポートを検討してもらえないのです。屈辱……。

「いつか見返してやる！」

二次会（飲み会）で、もう一度アタックします。そこで、ようやくひと言アドバイスしていただいたのです。

この1年は、大きかったです。教師としての基本を教えてくださった向山先生に感謝します。

研究授業

進んで行いました。4年間で、１００回を突破。10年間で、３００回くらいしていると思います。

人に見られる緊張感が、人を成長させるのです。準備から協議会まで氣を抜くことができません。それが、教師を成長させるのだと思います。

誰もいないときでも、参観者がいるとイメージして授業します。私の場合、毎日参観者がいるのです。

１００問つくる

「教科書見開き2ページで、発問を１００つくりなさい」（向山先生）

「そんなにつくって、意味があるんですか」

「どのくらい続ければいいのですか」

いっしょに聴いていたメンバーたちは、質問しました。

向山先生は、答えませんでした。

「まあ、やってみてください」

やらなければ、わからない世界です。

実際に行動したのは数人、続けたのは私一人だけでした。

私は、さっそくその日から１００発問づくりを始めました。帰りの電車の中で、教科書とにらめっこしながら発問をつくりました。

この作業は、5年間続けました。

毎日5年間、よく続いたものです……あきらめないのが私のとりえかもしれません。

毎日１００つくるなかで、いろいろなことがわかってきます。

理屈でなく、頭でもなく、肌、感覚でわかってくるのです。

「１００問つくり」で、勘が磨かれます。情熱を試されます。やらない理由は、いくらでも見つかります。やる理由はただ一つ……実践し続けることで、言葉にできないことを学んだと思います。

発問研究

１００問つくりと並行して、次のことを行いました。斎藤喜博先生の著作をすべて読みました。最低10回、普通、30回くらいは読みます。発問のところを蛍光ペンで色をつけ、付箋を貼ります。その部分を書き出します。当時は、パソコンなど影も形もありませんでした。当然手書きです。

時間を決めて、毎日続けました。えらく時間がかかる作業でした。

抜き出した発問を、分類します。自分なりにグルーピングしました。共通するものはないか、原則はないか、探りながら地道な作業を続けました。

愚直な努力が形になるときがきました。私は大声で叫びました。

「これだ！」

ついに、発問の秘密がわかったのです。目の前には、違う世界がありました。

わかってみれば、簡単なことでした。「なんだ、そうだったのか」

マジックを舞台裏から見るようなものだったのです。コロンブスの卵だったのです。

才能のある人なら、すぐにわかったかもしれません。凡人の私には、3年の歳月が必要でした。

このような努力をしなければ舞台裏はのぞけないのです。愚直な努力は、「舞台裏への最短ルート」かもしれません。

秘密がわかってからも、毎日、毎日同じことをくり返しました。分類し直す↓原則を考える↓発問をつくる。

発問の秘密がわかったからといって、すぐ活用できるわけではありません。自分の実践に活かしてこそ意味があるのですが、「わかっているが、できない」状態が続きました。

わからなかったときより、苦しかったです。「できる」ようになるまでには、時間が必要でした。

毎日、発問を１００考え、そのなかから、いいものをセレクトします。うまくいくこともあれば、いかないこともありました。斎藤喜博先生の場合は、ほとんどうまくいっているのです。どこが違うのか。

あるとき、氣づきました。

「発問だけではダメなのだ。発問をするまでの布石を打たなければ。ここぞというタイミングで発問しなければ」

●お膳立てをする。
●タイミングを考える。

当たり前のことに、ようやく氣づいたのです。

それからは、「発問までの布石」をどうするか考えるようになりました。布石が効き、タイミングがあったとき、初めて発問は力を発揮するのです。

私の発問は、がらっと変わりました。子どもたちの食いつきが違います。子どもの知的好奇心を喚起する問いができるようになりました。

教材を一読するだけで、発問が浮かびあがるようになりました。圧倒的な量が、質へと転換した瞬間でした。

本を読む

毎週神保町の大型書店に行き、本を1、2万円分くらい買いました。斎藤喜博、東井義雄など教師1年目に出会うことができました。

全国レベルの実践家の話を聴きました。ほとんどの方が、到達点の話しかしません。若い頃の実践をかくしている感じがしました。私は、自分を偽らないように、証拠としてしっかりと記録を残そうと思いました。

[杉渕鐵良作「教師修行1」]

教師修業　1990. 5.

杉渕に才能はあるか

杉渕に才能はあるか？　向山氏に「才能が違います」というようなことがあった。合宿に参加するたびに、「すごいなー。」と思う人がいた。

しかし、一部の人から見ると杉渕もすごいらしい。

「（杉渕は）質はともかく（仕事の）量がすごい。」

「持続力がすごい。」

「徹底的にやるところがすごい。」

他人にいわせると、杉渕のすごいところは上の3点である。まとめてみよう。

1 仕事の量
2 持続力
3 徹底的にやるところ

なるほど、上の3つは抜きん出ている。これを才能というなら、「1〜3の才能は、すごい」ということになるだろう。

私の仕事の量（主に実践記を書く量）は、ものすごい。これは1年目からすごかった。ふつうの教師の10倍以上、熱心な教師の3倍以上はやったし（今もやっている）。

持続力もある。ふつうある単元に全力投球すると、がくっと疲れ、次の単元あるいは他のことがおろそかになるのだが、そういうことがない。

何ごとも、いや、こうと決めたものは、徹底的にやる。

7

［代表的実践の誕生秘話］

自分流の実践を創る！

10マス計算

教師になって7年目、初めて1年生を受け持ったときのことです。

いつものように100マス計算を始めたのですが、計算力の弱い1年生は、時間がかかりすぎ、うまくいきませんでした。まだ1年生なのに、「ぼくは計算ができない」という子もいました。

どうしたらできるようになるか、考えました。考えた末、わけてやることを思いつきました。一度に100は厳しいけれど、10ずつだったらできるのではないか。

「先生、10題でいいの？」

いつも暗い顔をしていた子の表情が、パッと明るくなりました。

「そうだよ、10マスならできるでしょう」

「うん」

計算ができなかった子どもたちも、やる氣が出てきました。

クラスは、活気づきました。どの子もやる氣で取り組みました。こうして生まれたのが、10マス計算です。

問題数が少ないので、負担がありません。計算が苦手な子でも意欲的に取り組めます。

その子が苦手なところを、早く把握することができます。できないところを見つけ、対応すればよいのです。「できた」という体験をさせることができます。

10マス計算の効果は、計算力をつけるだけにとどまりません。集中力、苦手な部分を分析する力、学習の方法や上達への筋道をつける上達力、学習する意味を認識する力などが身につきます。これらは、他の学習に波及します。

パラレル計算

1年生を受け持つと、驚くことがたくさんあります。たし算は何とかできるのですが、ひき算ができません。できないと「算数嫌い」となるのです。

原因を考えましたが……わかりません。ひき算が簡単に習得できる方法を考え続けました。たし算より先に、ひき算を教えたこともあります。たし算→ひき算という通常の方法よりは、効果がありました。

同時に教えたらどうか。数の合成分解という切り口でいけば、同時に教えることができます。

たし算とひき算を同時並行で教えました。

3と8で11、8と3で11。

11は、3と8、11は、8と3。

教師の後について、復唱させます。声を出して言わせます。これを、0から始め、20まで行いました。

これが、パラレル計算です。

数の合成分解を教えると、ひき算も簡単にできるようになりました。他の学級がひき算に苦戦しているとき、杉渕学級は楽しんで計算していました。

九九も同様です。

順番に唱えさせてばかりいると……順番脳ができてしまいます。

たとえば、4×7です。

順番に言わないと、出てきません。即答できないのです。九九を教えるとき、逆も教えました。2×9を教えるとき、同時に9×2も教えます。同時並行で覚えさせるのです。これは、有効でした。6の段、7の段、8の段など、通常苦戦する段を楽々クリアしました。

子どもの能力ではなく、指導法の問題なのです。普通の方法は、子どもを苦戦させるようにできています。パラレル計算は、その点、効率がいいのです。

どの子も、九九が得意になりました。

「なんのこれしき」という実践を創りました。九九の逆です。

12といったら、2×6、6×2、3×4、4×3と答えるのです。

九九が得意な子も、これはできません。

同時並行で学習させると、すっと入っていきます。

わり算の基礎にもなりました。

通常の方法を鵜呑み（うの）にせず、新しい方法を開発しました。「同時並行学習」は、かなり効果があります。

超高速読み

すらすら音読できることは、学習の基本です。当たり前のことですが……力の弱い子は、教科書が読めません。時間がかかります。読むのが精一杯で、内容は頭に入っていきません。

私は、暗記させました。覚えれば、すらすら読めるのです。しかし、力の弱い子は、なかなか暗記できません。暗記したときには力を使い果たしています。読めるようになったけれども、音読を好きにはなりません。

速く読ませたらどうだろうか、と考えました。10マス計算のように、スピードを要求したのです。

子どもたちは、大喜びで取り組みました。練習すると、どんどん速く読めるようになるのです。知らないうちに、全員すらすら読めるようになっていきました。

一文解釈

場面を読んで考えさせると、読解力が弱い子は、情報過多になりポイントがわかりません。核になる文、言葉を見つけることができません。

あるとき、一文に限定することで、その言葉に注目せざるを得ない状況を作り出すことができることに氣づきました。

教師が、どんどん例を出します。友だちの考えをまねするように言います。毎日、5分から10分授業をします。うまくいかない場合、同じところを何回でも行いました。

読解力が弱い子が、ぐんぐん伸びました。

[教師修業の足跡]

教師修業の足跡

キャリア	勤務校	担任学年			蛻変	大きな変化	実践のキーワード	主な実践	主な新しい実践	実践の記録	出会い
1 1983	練馬区立光が丘第一小学校	2年生(1)	第1期 基礎がため	量の時代	◎	斎藤喜博(1月) 私の進むべき道がはっきりした。	・基礎学力づくり 書く	・基礎学力づくり(計算・漢字) ・読み聞かせ100冊以上 ・文学の授業 ・器械運動、走り→全員できる ・ノートを使わせない ・教科書を(あまり)使わない	書きこみ 作文 などいろいろ	学級通信144号(B5) 文集 7冊	落ち研 日本作文の会 文学教育連盟 文芸研 児言研 歴教協 数教協 科教協 教授学研究会 など多数
2 1984		5年生(1)			◎	向山洋一(1月) どのように修業していったらいいかわかった。	平和教育	・班のがんばりノート ・授業日記 ・学年会による学級づくり ・文学の授業 『火の誕生』 ・「アフリカ」差別の学習	グループの発展ノート(自学)	学級通信500号(B5) 文集 10冊 (主)に授業の記録	
3 1985		6年生(1)			◎ 発問・指示	教育技術の法則化運動 やる気ある人たちと出会う	平和教育	・『やまなし』一単元公開授業 それぞれ分析批評 ・ソーラン節 ・大版画 ・『はてしない物語』2ケ月間の授業 ・『私のアンネフランク』読書会	分析批評 評論文 民舞と 大版画	学級通信827号(B5) 文集 10冊 『やまなし』5冊 『川とノリオ』3冊 『ごんぎつね』など 法則化論文	法則化関係の実践家たちと 民舞研 なでしこ会 [illegible]
4 1986		3年生				授業記録を大量に書く	成功体験	・荒馬(運動会 そして学芸会) ・『磁石』(仮説実験)授業 ・全員できる運動 ・分析批評による授業 ・開脚跳び	民舞と 仮説実験授業	学級通信170号(B5) 法則化論文たくさん書いた	仮説 東井義雄氏 国分一太郎氏
5 1987		4年生(持ち上がり)			◎ 自ら学ぶ	自ら学ぶ 法則化運動との別れ	考える力を伸ばす わかってできる	・論理的思考力を鍛える授業 ・開脚跳びの一単元公開授業 ・わかってできる体育 ・考える体育 ・ソーラン節	ステンドグラス(展覧会) 教師修業シリーズ書きはじめる	『仙台の厚い夏』 論文100本 学級通信1107号	(教育実習生を受けもつ)
6 1988		4年生(1)				学校づくり ・校内研究 ・運動会づくり	限界への挑戦(チャレンジ) とにかく書く レポートづくり(子どもが)	・『99時間のエルコス』(学芸会) ・荒馬(運動会) ・子どもが創る運動会 ・マット運動一単元公開授業 ・「ごみ」の授業 ・論理的思考を鍛える授業	見たこと作文	学級通信500号 文集(レポート)	初志を貫く会 長岡文雄氏 築地久子氏 学校体育研究同志会
7 1989	板橋区立下赤塚小学校(ひやめしの時代)	1年生			◎ 自分流の教育	障害をもった子を受けもつ	見る力をつける 問題発見力 追究	・見たこと作文の発表会 ・絵 ・「絵料」… 追究型の授業づくり ・生活と学習をつなげる ・説明文をつくらせる ・自由発言の授業	絵の指導	学級通信1500号 [illegible]条件をクリア	認知科学関係 初等理科研 [illegible]
8 1990		2年生(持ち上がり)				自分流(第1節) →独自のカリキュラム 基礎・追究・表現 横軸の時間割	心を育てる 無償の愛	・『ぞうれっしゃがやってきた』(学芸会) →総合表現 (あるべき姿の追究) ・総合学習"認定"	歌の指導 大きな絵(共同制作)	教師修業シリーズ10冊(兵庫100本合宿へ向けて) 学級通信500号	鈴木メソッド 規律 発想法 (教育実習生を受けもつ)
9 1991		2年生(1)	結婚			結婚(妻は私の師匠?) 研究主任(体育)	心を育てる 無償の愛	・あるべき姿の追究 ・グループ授業、発表 ・いきなり表現読み ・能力を育てる ・間違いを生かす ・メタ思考	あるべき姿の追究	学級通信500号	森田療法
10 1992		1年生				自分流(第2節) →キーワード実践、ユニット授業 ・校長・一部の親との対立 研究主任(体育)	自立 一発達段階説をくつがえす一	・お話マット ・『子どもの家』 ・自由発言 ・子どもによる授業 ・説明	お話マット 新しいテスト	学級通信500号 『ネットワーク』誌で連載	宮澤賢治(教師としての)
11 1993		2年生(持ち上がり)	第2期 自分流教育づくり	長男誕生 質の時代	◎ 「人間」教育	子どもができる →子どもに対する見かたが変わる ・サッカー部監督 ・マンション理事長 ・分会長・特活主任	自己確立 キーワード実践 ユニット授業	・一を聞いて十を知る ・知識を生かす授業 ・課題が生まれる授業 ・「形」で考える、プラスα ・日直による授業	・[illegible]方式 速読 あぶないもの ヒ・ミ・ツ	学級通信を出すのをやめる 『ぐんぐん力がつく授業づくり学級づくりのコツ』を出版	[illegible]氏 赤塚東小 戸田順子氏 あぶないものばっかり 木下竹二
12 1994		3年生				自分流(第3節) ・待つ ・氣の学級経営 ・体育主任	潜勢力をひき出す 子どもの手による授業	・リレー授業 ・パフォーマンス発表 ・発問づくり ・係一週間交代制 ・当番自由制	あぶないもの ヒ・ミ・ツ	サークル用のレポートは書いている	アドラー ニイル あぶないもの

蛻変のとき ◎ 大変化 ◎ 〃 ○ 〃 △ 小変化

毎年全力で取り組みました。その時々に生まれた実践があります。最終的には、「杉渕流の教育体系」を創るつもりだったので、自分の足跡を残すことは大切な仕事でした。ライフヒストリーでもありますね。

(杉渕鐵良作「自分流の教育を作る2」より)

島に転勤する。ホームページ「教育の鉄人」作成。神津小システム（午前5時間制＋基礎の時間＋研修タイム）を創る。

2002年（43歳） 板橋区立新河岸小へ転勤。

2003年（44歳） 陰山英男先生を講師に迎えて研究発表。『ガイアの夜明け』（テレビ東京）に出る。

2006年（47歳） 足立区立五反野小へ転勤。国語専科になる。初めての専科。

2008年（49歳） 足立区立綾瀬小へ転勤。生活指導主任。校門で毎日、朝のあいさつ。班学を創出。

2012年（53歳） 清瀬市立清瀬第八小へ転勤。

2013年（54歳） ユニット授業研究会（ユニプロ）をつくる。

●すぎぶち・てつよし●
1959年東京都生まれ。
東京都清瀬市立清瀬第八小学校教諭。

file：008

追試で授業力を
磨き続けた20代

上機嫌・情熱・授業力
―成長し続ける教師をめざして―

鈴木健二
Kenji Suzuki

［初任の頃の授業］

全力で子どもに向き合う

徹夜で指導案を作る

初任者として赴任したのは、児童数700名ほどの小学校でした。担当学年は4年生。私のほかにもう1人、初任者（S氏・現在、小学校の校長）がいました。

当時の初任者は、年間6回の研究授業をすることになっていました。慣れない業務をこなしながら、ほぼ月1回の研究授業を行わなければなりません。S氏は体育系の大学出身で、まだ小学校教員免許を持っていませんでした。

研究授業が近づくと、2人で学校に泊まり込んで、あれこれ検討しながら指導案作成に取り組みました。小学校教師になりたくてなったわけではない私と高校の体育教師をめざしていたS氏ですから、指導案づくりには相当苦労しました。

しかし、相談相手がいたことは、2人にとって、精神的な安定と教師としての成長に大きな効果をもたらしたのではないかと考えています。

苦い思い出

2人とも子どもと全力で向き合うことだけは大切にしていました。遊ぶときも、ほめるときも、しかるときも。しかし、その若さは時に行き過ぎることもあります。

昼休み、毎日のように子どもと遊びましたが、ドッジボールで至近距離から子どもに思い切りボールをぶつけたことがありました。その子どもは、体が浮き上がるほどの衝撃を受け、地面に倒れ込みました。

その日の夕方、家庭訪問をして謝りました。保護者は、私をいっさいとがめることなく、穏やかな表情で対応してくれました。

一方、2年生を担任していたS氏も、悪さをした男の子に気を失いかけるほどの胴締めをしてしまったことがありました。

全力で子どもに向き合うことの加減がわからないまま、日々を過ごした初任者時代の苦い思い出です。

忘れられない授業

今でも時々思い出す授業があります。それは参観日に行った国語の授業でした。

教材は、トルストイ作の「とびこめ」（昭和58年度版『国語4上かがやき』光村図書）です。

帆船のマストの上をふらふらと歩く少年

に向かって船長が叫びます。

「とびこめ！」

このクライマックスの場面を参観日の授業で取り上げたのです。

少年がいかに危険な状況におかれているかを実感させたいと考えました。それが実感できないと船長が銃口を向けてまで「とびこめ！」と叫んだ思いを理解することはできません。

そこで私は、マストの高さがどれくらいあるかを知らせ、そこから飛び降りて甲板に叩きつけられたら、人間の体は粉々になってしまうという話をしました。子どもたちはシーンと静まりかえりました。

私としては、それなりにうまくいったと思えた授業でした。

保護者の1人に、県内に名を知られる国語教育の実践家がいました。後日、その保護者と飲む機会がありました。そのとき、次のように言われました。

「文学教材の授業で、死を生々しく扱ってはいけない」

ではどうすればよかったのか、という話もしたのでしょうが、それはまったく思い出すことができません。ただ、先のようなアドバイスをしてもらったことだけが鮮明に記憶に残っています。

教材解釈力も弱く、ただ、子どもたちに伝えたい思いだけは強いという未熟な授業を日々展開していました。

書く力を育てる授業

20代の頃の取り組みは、教師の原点としてその後、大きな影響を及ぼします。

書く力を育てる授業をしたいという姿勢も、20代の頃に始めた実践がベースとなっています。

その一つが、有田和正氏の実践をもとに始めた「今日の勉強で」です。授業の終わりに3〜4分の時間をとって、授業で学んだことを書かせるという実践です。

以下で示すのは、20代後半で実践した分析批評による「やまなし」の授業で書かせた「今日の勉強で」ですが、初任の頃からの授業がベースとなって少しずつ手応えを感じるようになっていきました。

□ 今日の勉強で　T子

今日は、象徴性についてやりました。魚がかにたちに、どんなえいきょうをあたえているか、魚はどんなことをしているかなどを考えてみました。それで、『死の恐怖』としました。理由は、かにの子どもらは、クラムボンが死んだことを話しているときも、恐怖とかをほとんど感じている様子がなかったけど、このときには、すごく恐怖を感じたと思うからです（「このとき」とは、かわせみが魚をおそったとき）。それに、「魚はこわい所へ行った。」とお父さんが言った後「こわいよ、お父さん。」とあるので、魚が恐怖を強くしているからです。

〈以下略〉

いかがでしょうか。授業の終わりの数分間でこれくらいの学びを書けるような子どもを育てようとしていたことがうかがえます。休み時間を使って、ノートに2ページも3ページも書く子どもも現れるようになってきました。

一流の教師と自分との差をどのように縮めていけばいいのかという気の遠くなるような作業に楽しみながら挑戦し続けた20代でした。

［指導力向上のために］

サークルで鍛える

書店に通う

教師になりたいと思ったことは一度もありませんでした。小学生で父を亡くし、母の要望で何となく教師の道を選んだのです。

教育実習で、センスのよい同級生の授業を見るたびに大きなレベルの差を感じていました。だから、教師になったとき、自信のカケラももっていませんでした。

「とりあえず学ばなければ、授業などできない」

このような思いがあったために、初任校の先輩教師に、どんな本を読んだらいいかを聞いて回りました。しかし返ってきた答えのほとんどは『教育技術』を読みなさい」という言葉でした。

これではっきりと自覚したのは、「学ぶべき価値のある本は、自分で見つけるしかない」ということでした。

こうして、書店に通う毎日が始まりました。大学時代まで、ほとんど漫画しか読まなかった私が、本を探すために、毎日書店に通うようになったのです。

当時、給料の手取りが7～8万円だったのですが、2～3万円が本代に消えました。給料で支払いきれない分は、ボーナス払いにしてもらいました。

サークルを結成する

書店に通う毎日のなかで、世の中には数々の優れた教師がいることを知りました。

斎藤喜博、東井義雄、氷上正、板倉聖宣（いたくらきよのぶ）、大村はま、遠山啓、向山洋一などです。

これらの教師の書いた著書や論文を追いかける日々が始まりました。中でも、衝撃を受けたのが、向山洋一氏でした。

「なぜ、こんなすごい実践ができるのだろう。自分もこんな教師になりたい」と思うようになりました。

追いかけているうちにわかったのは、京浜教育サークルという小さなサークルで、地道に実践を積み重ねているということでした。

「よし、俺もサークルを作ろう」

自分から何かを始めることのなかった私が、日向教育サークルを立ち上げたのです（このサークルは、結成して30年以上経った現在も活動しています）。

サークルで鍛える

サークル例会への参加条件は、「何でも

いいから資料を持参すること」ということです。ですから、作った文書は何でもサークルに持ち込みました。校務分掌の提案文書、学級通信、指導案、授業で使ったワークシート……。多いときには、サークル全体でファイル2冊分にもなりました。

作った文書のすべてをサークルで提案するのです。これが、実践の質を高める第一歩となりました。サークルで提案する以上、いい加減な文書は作れません。仕事のすべてに本気で取り組まなければならなくなったからです。

提案した文書は、徹底的に批判し合いました。批判したら、当然、代案を示さなければなりません。しかも、他のメンバーと違う視点で代案を示すのです。毎回の例会は、思考をフル回転させる場となりました。

このような積み重ねが実践の質をさらに高めてくれました。サークルに優れた教師がいたわけではありません。全員が20代の未熟な教師ばかりでした。未熟な教師ばかりでも、本気で学び合える場があれば、確実に成長するのです。

「誰かに学ぶのではなく、自分たちで学んでいく」

若い頃に身についたこのような姿勢が、その後の教師人生の基盤となりました。

サークル通信を書く

サークルでの学びは、「サークル通信」に記録するようになりました。学びを文章にすることで、より深い理解を得られるようになるからです。

サークル通信には、基本的に次のようなことを書いていきました。

①例会参加者
②提案資料一覧
③提案内容の概略と検討内容
④提案内容に触発されて考えたこと

④を書くことが特に大きな学びとなりました。提案内容の一つ一つについて、自分の考えをまとめていかなければならないからです。

さらに次のようなことも書きました。

①全国のセミナー情報
②全国の教師との交流
③本や論文執筆への取り組み
④他県のサークルとの合同合宿記録

このようなサークル通信を、900号近く発行しました。20代から30代にかけて、私が何を考え、どのようなことに取り組んできたか、サークル通信を読めばほぼ把握することができます。

例えば、一流の教師との出会いを綴ったサークル通信には、石岡房子氏が登場します。それを読むと、「一つの短歌を授業するのに、大学ノート1冊分の教材研究をする」という話を聞いたことに大きな衝撃を受けたことが綴られています。

自分ではそれなりに努力しているつもりでしたが、それは、ただの独りよがりでしかないことを思い知らされました。

若い頃にどのような出会いがあるかは、教師としての姿勢に大きな影響を及ぼします。

このような出会いを糧にして、サークルでの学び合いはさらに白熱していくこととなりました。

質の高い教師になりたいと本気で考えているのであれば、「サークルで鍛える」ことが、最も効果があるのではないでしょうか。

［代表的実践の誕生秘話］

思わぬところから実践は生まれる

道徳授業と無縁の初任者時代

今でこそ、道徳授業づくりについての話を聞きたいと全国各地からお招きいただいていますが、私が道徳授業づくりをやるなどとは、20代の終わりまで想像もしていませんでした。

初任校の8年間で、副読本の読み物資料を活用した道徳授業を何度かやったことはあります（ほんの数えるほどです）。しかし、まったく手応えを感じることができず、ほとんどやらなくなってしまいました。たまにやるのは、仮説実験授業の道徳授業書を活用した授業くらいでした。

人間は手応えのないことに対しては、消極的な態度をとるものだということを実感した8年間でした。

道徳との出合い

初任校の8年間を終え、赴任したのは、小さな離島の分校でした。全校児童5名、教師2名という極小規模校です（しかももう1人の教師は愚妻です）。

この分校で、道徳授業づくりとの運命的な出合いをすることになります。本校が文部省（当時）の研究指定校だったのです。校長から次のように言われたことを思い出します。

「分校も本校に合わせて道徳の研究をやってほしい」

当初は、「えっ?!」と思ったものの、校長の命であればやらざるを得ません。しかし、いやいや取り組んでも得られるものはあまりありません。そこで、次のように考えることにしました。

「おもしろい道徳授業を創ってやろう」

人生ではやりたくないことをやらされることの方が多いものです。しかしやりたくないことをやりたいことに変えれば、自分の糧になります。

離島の分校で得た最初の学びでした。

おもしろい道徳とは？

「おもしろい道徳授業を創ってやろう」とは思ったものの、「おもしろい道徳授業とは何か」を考えなければなりません。大きな壁でしたが、あれこれ考えるうちに、自分でおもしろいと思った素材で授業を創るしかない、という結論にたどり着きました。教師自身がおもしろいと思える教材でなければ、子どももおもしろいとは思いません。

現在、各地の講演会で話す重要な視点の一つが、「おもしろい道徳とは何か」を考えるなかで生まれてきたのです。

素材収集に熱中する

こうして、おもしろい道徳授業づくりをめざす取り組みが始まりました。まずは、素材の収集です。とにかく大量の素材を集めることに没頭しました。大量の素材のなかからしかすぐれた素材は発見できません。

新聞記事、本、テレビ、ポスター、広告、地域の人物、身近な見聞など、おもしろいと思ったありとあらゆるものを素材として収集するようになりました。新聞もなかなか捨てなくなり、家族から不満を言われたことも一度や二度ではありません。

当時収集した素材のいくつかを示してみましょう。

①『村に吹く風』山下惣一著（新潮文庫）
②『天声人語9』辰濃和男著（朝日文庫）
③『帰国子女』宮智宗七著（中公新書）
④「シカが切符をゴックン！」（朝日新聞１９９０年6月２８日）
⑤「みなしごのオランウータン」『小学一年生』１９９０年6月号（小学館）
⑥『破壊される熱帯林』地球の環境と開発を考える会著（岩波ブックレットNo.１１５）

いかがでしょうか。

当時から、書籍、新聞、雑誌、ブックレットなど、さまざまなメディアから素材を集めようとしていたことがうかがえます。

道徳授業研究通信を書く

このような道徳授業づくりに対する取り組みを、『道徳研究通信』としてまとめていくことにしました。

次のような内容で書いていきました。

①発見した素材
②発見したきっかけ
③授業プラン（発問、指示、意図、子どもの反応の予想など）
④授業記録
⑤改善した授業プラン

84ページに示すのは、『道徳授業通信Ⅲ No.5』です。実践してきた時期によって、Ⅰ～Ⅲ期に分けています。

２０１５年現在、『道徳授業通信Ⅲ』のNo.１０５を発行しています。つまり、第Ⅲ期だけで、約１００本の授業プランを創ってきたのです。

このような積み重ねの第一弾として結実したのが、『ノンフィクションの授業』であり、20代を集大成する本となりました。

イルカの命と漁師の生活
―授業記録―

道徳授業に取り組みはじめた頃（第Ⅰ期）の実践の代表的なものの一つが、「イルカの命と漁師の生活」です。

この授業は、長崎県壱岐の勝本町で、イルカに悩まされた漁師が、千頭のイルカを退治したという話が素材となっています。

勤務していた分校は、小さな離島にあり、保護者はほぼ全員が漁業を営んでいました。だからこそ、この授業に力が入ったのでしょう。

20代の学びを詰め込んだ授業です。今の自分から見ると、拙い面が多々あるのですが、当時はこれが精一杯の授業でした。なお、担任していた学級は、3年生1人、6年生1人という変則的な複式学級でした。

以下、授業記録の一部を示します。

『道徳授業通信ⅢNo.5』

道徳研究通信MyPaceⅢ　No.5　1998.7.25

敗れざる者

高校野球県予選真っ盛りである。予選段階では、大差の試合が結構あるものだが、朝日新聞の窓欄（９８年７月１６日付）に面白いコラムがあった。

これをもとに、勝つとはどういうことかについて考えさせる授業を構想することにした。

１．大差で負けたときの気持ちは

授業開始とともにスコアボードのカラー写真を見せる。青森大会の東奥義塾対深浦の試合でスコアは何と１２２対０である。よく見ないと何のことやら分からないが、結果が分かると子どもたちは大きな驚きを示すことだろう。

『これほどではありませんが、昨年の北海道の大会では、次のような得点差の試合がありました。』

と言いながら、得点を板書する。

４５対０　　５３対１

発問１　自分が負けた高校の選手だったら、どんな気持ちがしますか。

ノートに書かせた後、発表させる。「恥ずかしい」「もう野球をしたくない」という意見が多く出されるだろう。

そこで、読み物資料①「いろいろな勝利を刻もう」（朝日新聞１９９８年6月２０日付社説を改作）を配って読む。

発問２　二人の主将の話を読んでどう思いましたか。

ノートに書かせてから発表させる。

２．敗れざる者

『５３対１で負けた北海道桜丘高校は、今年の予選でまた同じ相手と対戦することになってしまいました。』

子どもたちはざわめくだろう。

発問３　結果はどうなったと思いますか。

勝ったか負けたか予想させて、挙手させる。理由があれば簡単に言わせてもよい。「悔しさを晴らすために猛練習をして勝った」「すごい実力差があったのだから、１年くらいでは勝てない」などという意見が出されるだろう。

『どうなったか知りたいですか？でも教えません』

などと少しじらしてから、

『この高校について書いた話があります。こんな題名がつけられていました。』

と言って読み物資料②の題名『敗れざる者』を板書する。「勝ったんだ」という声が挙がるかもしれない。

資料を配って読むとまた負けたことが分かる。

発問４　また負けていますね。それなのに、どうして‘敗れざる者’という題名がついているのでしょう。

考えをノートに書かせてから発表させる。

３．勝者の意味は？

これを書いた人は、最後に次のように言っています。と言って板書する。

敗れても、何かに目覚め、何かを学んだ彼らはすべて□□である

発問５　□□には漢字二文字が入ります。何でしょう。

予想を言わせた後、‘勝者’であることを告げる。

発問６　負けたのに、どうして勝者なのでしょう。

発問４の答えと重なる部分もあるが、この授業の重要なポイントなので、しっかり押さえる意味でこの発問をする。

４．今日の勉強で

最後に「今日の勉強で」を書かせて授業を終わる。この時、自分が何かで完璧に負けた経験があれば、その時の気持ちや態度などと比較させて書かせてもよい。

子どもたちには、これからいろいろな勝負の場が訪れることだろう。そして完全に打ちのめされることもあることだろう。この授業が、その敗北を自分の成長の糧としてとらえ、前向きな生き方ができるようになるための基盤となればと思う。

1　なぜ千頭ものイルカを

黙って、イルカの絵を黒板に貼る。

発問1　イルカについて知っていることがありますか。

「イルカがやってきたら嵐になるとお母さんが言っていた」「いろんな芸をする」「ジャンプして輪っかをくぐったりしていた」などという答えが返ってきた。

そこで、『Newton』の写真を見せて、イルカの説明をした。

説明1　ハワイで、イルカと話そうという実験をしている写真です。これによると、25の言葉を覚えたそうです。イルカって頭がいいんですね。

発問2　このようなイルカを殺した人がいます。何頭殺したと思いますか。

「１００頭」「50頭」という予想が出た。

そこで、ゆっくり「１０００頭」と板書した。

発問3　１０００頭殺した人がいるんです。この人をどう思いますか。ノートに書きなさい。

2人とも、「１０００頭も殺してかわいそうだ。イルカが減ってしまう」という意見であった。6年生のKは、「どうして殺したんだろうか」という疑問も出してきた。

授業開始から、ここまで6分です。

今に続く授業づくりの要素のいくつかを感じ取ることができます。次のような要素です。

①授業のはじめに余計なことを言わない。
②まずは、自由に何でも発言させる。
③後の展開に生かす情報を示す。
④子どもに驚きをもたらす展開をする。
⑤子どもの問題意識を引き出す。

2　１０００頭ものイルカを殺した理由

「今から、１０００頭のイルカを殺した

という話を読んでみたいと思います」と言いながら、資料前半を配り、範読した。その後、各自微音読させ、さらに6年生のKを指名して読ませた。資料にある事実をできるだけ的確に把握させるためである。3年生のTには「目で読みながら、なぜ殺したのか考えなさい」という指示を与えた。

Kが読み終えたところで、「漁師さんたちが殺したんだね」と言いながら漁師の絵を貼った。

指示1　なぜ殺したと思うか、ノートに書きなさい。

次のような意見が出た。

T「イルカもかわいそうだけど、網にかかった魚をイルカがとっていってしまうから」

K「漁師さんたちのとる魚をイルカがとったり、イルカがやってくると魚が逃げてしまうから」

「だから1000頭も殺したんだ」と言いながら、これらの意見を簡単に板書した。さらに、「魚のことが原因じゃないか、というのが2人の考えだね」と言って、イルカの絵と漁師の絵の間に「魚」と板書した。

「その理由を書いた資料を読んでみよう」と言って、資料後半を配り、範読した。

読んだ後、資料の内容を簡単に確認し、問題を板書した。

発問4　漁師さんのしたことをどう思いますか。

子どもたちは、自分の考えをノートに書く。3分後、Tを指名した。

「かわいそうだけど、生活がかかっているから殺したと思う。イルカがかわいそう。殺すとしても10ぴきぐらいならよかった」

Kは次のような意見であった。

「いいとは思わないけど、ぼくが漁師だったら、そうするかもしれない」

そこで「Tさんだったらどうする」とたずねてみると「しない」と言う。

意見が分かれたので、机を向かい合わせて討論することにした。

「自分が漁師だったら、イルカを殺すか殺さないか」というのが論点である。次のような討論が行われた。

T「殺さなくても、沖に出て魚をとればいい」

K「沖に出ても、魚がとれなかったら、どうするのか」

T「イルカがいないところで漁師をすれば、殺さなくてすむ」

K「ここ（勝本町）にずっと住んでいるから、殺すしかない。どこにイルカがいないかがわからない。別のところにもイルカがいたら、どうすればいいのか」

意見がとぎれたところで机をもとに戻させた。

この場面からも、今の授業づくりの土台となっている要素が見えてきます。

①書かせることによって、自分の考えを意識させる。

②板書を構造化して論点を明確にする。

③自由に討論させる。

わずか2人の子どもたちであっても、授業づくりの基本は同じであり、それなりの討論をさせようとしていたことがうかがえます。

こうして振り返ってみると、人生は実におもしろいと思います。道徳授業に何の興味もなかった私が、今では、全国各地で道徳授業づくりについて講演をしているのです。あのとき、離島の分校に赴任していなかったら、道徳授業づくりに取り組んでいなかったでしょうし、人生も大きく変わっていたのではないでしょうか。

年譜

—鈴木健二—

1980年（22歳） 小学校教師になる。

1982年（24歳） 向山洋一氏の論文に刺激され、同僚のS氏とともに、「日向教育サークル」を立ち上げる。同じ学校の若い教師にも呼びかけ、十数名の教師が集まった。月2回の例会。資料は毎回ファイル1～2冊になった。

1984年（27歳） 向山洋一氏と有田和正氏の立ち会い授業に参加する。宮崎県からただ1人の参加だった。ここで情熱のある若い教師に出会う。どんな話をしても通じる教師がいるのだ、と感激した。自主的な研究会に参加することの大きな意義を感じた。

1985年（27歳） 立ち会い授業についての意見を書いてほしいという原稿依頼が明治図書から届く。自分が教育雑誌に原稿を書くことなど想像もしていなかっただけに驚いた。一生で一度の機会だと思い、精一杯の力を注ぎ込んで書いた（『授業研究』臨時増刊1985年8月号）。この論文がきっかけとなって、毎月のように教育雑誌に執筆するようになる。

1986年（28歳） 下関で行われた法則化合宿に参加する。ここで初めて向山氏をはじめとする中央事務局の方々と出会った。中でも大きな出会いは東京の杉渕鐵良氏である。お互い無名の若い教師だったが、同じ情熱を感じた。この後、いろいろな場でいっしょに仕事をすることになる。

1988年（29歳） 離島の分校に異動し、道徳教材の開発に取り組み始める。深澤久氏の招きで、群馬県にて初めての講座を行う。分校での道徳実践が後に『ノンフィクションの授業』として結実していく。

1989年（31歳） 初めての著書となる『社会科指導案づくりの上達法』を出版する。20代の社会科実践をまとめたものである。追試からオリジナルの実践を生み出す過程が見える。

1998年（40歳） 埋蔵文化財センターに異動する。学校現場から離れ、3年間にわたって発掘調査を行った。教師としての質を高めることを追い求めてきたなかで、最も厳しい時期だったが、ここでの経験が自分自身を精神的に鍛えてくれた。

2001年（43歳） 教育事務所の指導主事になる。年間約40校を訪問して授業を参観し、指導助言をする。この3年間が、授業分析力を高めていくきっかけとなった。

2009年（51歳） 小学校の校長になる。2年間の学校経営に取り組む。質の高い学級経営ができる教師でなければ、質の高い学校経営はできないことを実感した。

2011年（53歳） 愛知教育大学に転職する。情熱のある教師を育てるために、大学に転職する。人生の中で最大の決断だった。意欲のある大学院生と充実した日々を送っている。

●すずき・けんじ●
1957年宮崎県生まれ。
愛知教育大学教育実践研究科教授。

file：009

研究授業で表情が硬いと言われていた20代

教師修業も布石の連続なり

俵原正仁
Masahito Tawarahara

人との出会いを大切に

〔初任の頃の授業〕〜
〔指導力向上のために〕

1年目、衝撃の研究授業

そのときの教室の空気は今でも忘れられません。

「これで、道徳の授業を終わります」

私が授業の終わりを告げたその瞬間、参観者の間にどよめきが走ったのです。

これまで数多くの研究授業、公開授業を行ってきたのですが、参観者に与えたインパクトにおいては、この授業を超えたものは一つもありません。

30年前、私が研究授業で示した事実は次のようなものでした。

> 話し合いが続かず、時間を持て余し、10分前に授業を終えた。

ひ、ひどい……（涙）。

「だけど、発表したのは1人か2人しかいなかったし、とりあえず、それらしい解説を教師が入れて、指導案の展開通り進めていったら、授業終了の時間の10分前にやることがなくなってしまったんだから、しょうがないやん」と、当時の私が弁明します。

「いやいやいや、それでも10分前に授業を終わったらあかんやろ。

そりゃ、参観者の人もあっけにとられて、どよめくわ。チャイムが鳴った後、10分延長するような授業は見たことがあっても、10分早く終わるような授業は見たことがないやろからな。実際、自分自身も、他の人の研究授業で、10分早く終わるようなもの、見たことないわ。

ほんま、ある意味、衝撃の研究授業やで」と、現在の私は思わずツッコミを入れてしまいます。

俵原の1年目はこんな感じでした。

1冊の本との出会い

そんなこんなの1年目が終わろうとした3月。

一人の先輩が私の目の前に1冊の本を差し出しました。

> 『授業の腕をあげる法則』（向山洋一著、明治図書）

授業自体は、あんな感じでしたが、休み時間などは、子どもたちと楽しく遊んでいたこともあって、自分的には何の危機感もなく1年が過ぎていったのですが、周りから見ればそうとう危なっかしく感じていたのでしょう。

なんせ10分前に平気で授業を終わるよう

な男です。

「授業の腕をあげろ！」

　そう言いたくなるのも無理はありません。

「俵原さん、これ読みやすいから一度読んでみるといいよ。人によっては好き嫌いがあるかもしれないけれど、読む価値はあると思うから」

　先輩は少し遠慮がちにその本の紹介をしてくれました。

　そして、その先輩の友だちが、向山という人の教育団体に所属していて、教育雑誌に原稿なども書いているという話も聞かせてもらいました。

「でも、そいつは大学のときは全然卒論とかも書かずに、おれらがだいぶ手伝ったんやけどな。ほんま、人って変わるもんやで」

　それまで、教育書や教育雑誌など買おうともしなかった自分にとって、そういう世界もあるんだな……とぼんやりと話を聞いていたことを覚えています。

　ただ、この本は、とりあえず読んでみようと思いました。

　ここまでいろいろと話をされたら、いくら根拠のない自信をもっている自分でも、「お前は、授業がへたくそだ。ふらふらと遊ぶだけじゃなく、ちゃんと勉強して、授業の腕をあげろ！」と遠回しに怒られていることにはさすがに気づきます。

　そして、家に帰って一気読み。

　この日から、部屋の様子が変わっていくことになります。

　観葉植物に代わって教育書や教育雑誌が本棚を埋め尽くしていったのです。

　ほんと、人って変わるものです。

サークル「NEW LEADER」結成

「緑服、推しごとする人、さもありなん」

　自分がはまったものは、何でもかんでも人にすすめたくなるものですが、御多分にもれず私も同じ行動に走りました（ちなみに、先ほどのことわざっぽい言葉は実在しません。こういうのちょくちょく入ってくるかもしれません。お許しあれ・笑）。

　当時佐用郡には、教職員用の住宅などなく、駅前にポツンと建っていた築20年ほど（なんと共同風呂、共同トイレ）の佐用荘に、私も含め、その年の新任の先生10人中7人が押し込まれるかのように住んでいました。

　そのなかでも、私がいちばん親しくしていたのは、古川光弘氏（教材開発MLの主宰）です。

　そのときの様子を古川氏は次のように述べています。

> 　夏休みに入り、先に紹介した俵原氏の部屋をなにげなく訪れたことがあった。驚いたことに、先日まで「部屋を観葉植物でいっぱいにするぞ！」なんて言っていた彼の部屋が、観葉植物の代わりに書籍でいっぱいになっているのである。しかもそのほとんどが教育書である。書名は、発問がどうだとか、指示をどうするだとか、難しそうな本ばかりである。
> 　いったいどうしたのかと問うたところ、「まあ一度この本を読んでみろ」と渡された本が『教師修業十年』であった。
> 『自己変革をめざす汗と涙の記録』
> （古川光弘・サークルやまびこ著、明治図書）

　そして、その結果、サークル「NEW

LEADER」が誕生。
1987（昭和62）年6月19日、佐用荘の一室で活動を始めました。

この年、新日本プロレスにおいて、長州力・藤波辰巳・前田日明らが、当時のトップ、アントニオ猪木に対して、「ニューリーダー」軍を結成し、新旧世代闘争が始まりました。私の人となりを知っている人は誰一人賛同してくれないでしょうが、そのことと、俵原のサークル名が「NEW LEADER」になったことは、単なる偶然の一致である……ということを述べさせていただきます。

テープ起こしで力をつける

こうして、私の教師修業は、向山洋一氏への憧れから始まりました。

それまで、教育書を手に取ることがほとんどなく、『週刊プロレス』『週刊ゴング』『週刊ファイト』『週刊ビックレスラー』というような教育畑とは違う専門書に給料をつぎ込んでいた私が、今度は「向山洋一」という名前が載っている本を追いかけることになったのです（そして、その過程で、生涯の師匠「有田和正」氏と出会うことになるのですが、その話はまた別の機会に……）。

当時の法則化は、向山氏を筆頭に論文、原稿、通信をとにかく書きまくれ!! という世界でした。

私も、右にならえ的な感じで、自分が行った授業の様子を、学級通信や実践論文などの形で、とにかく書いて残していきました。

そのなかで、特に、学びが多かったのは、自分の授業のテープ起こしです。

45分の授業を文字化するわけです。

テープは正直です。「あ〜」とか「う〜」とか意味のないことを言っている自分の姿が突きつけられます。

「うわぁ、こいつ（自分のこと）、何言っているかわからへん」

「しゃべりすぎや。子どもがほとんどしゃべってないやん」

自分のへたくそな授業をありのままの姿で、これでもかというぐらい見せつけられるのです。

ほんと、心が折れそうになります。

でも、そこで私はくじけませんでした。

鋼の精神力をもっていたから？

違います。

50を超えた今になっても、鋼の精神力はまだもっていません。

それは、ともに学ぶ仲間がいたからです。

次のサークルに持っていくと約束した限りは、途中で投げ出すわけにはいきません。

そして、四苦八苦十六苦しながら、テープ起こしを完成させてサークルに持っていったものです。

このように、サークルの仲間がいることで、つらいことでもなんとかやり遂げることができるようになるのです。

まず、サークルに持っていく前の段階で、私はすでに多くのことを学ぶことができていました。実はテープ起こしは作ることにこそ意味があるのです（実際、当時の私たちのサークルは全員2年目の若手教師ばかりでしたので、サークルで授業を斬り合うにはまだまだ力不足でした。もし、授業を見る目がある先輩がいれば、また学びも多かったに違いありませんが）。

例えば、自分がぶれまくる発問や不明瞭な指示をしているという事実に気づきます。

ほとんどの場合、1回の聞き取りで、文

字に起こすことはできません。余計な言葉が入っていたり、話し方が不明瞭だったりしているということです。テープ起こしでは、巻き戻しては聞くということができますが、授業を受けている子どもたちには、そんな芸当はできません。

曖昧な理解のまま授業が進んでいくということになります。

このように、子どもたちが動かないのは、子どものせいではなく、教師にその原因があるのです。それなのに、そのことに気づかず、子どもたちを叱る教師がいかに多いことか。

また、テープ起こしと言っても、私の場合ビデオテープで撮っていましたので、サークルで映像を見て話をすることもありました。その場合、入ってくるのは音声情報だけではありませんので、教師がどこを見ているのか、どこに立っているのかなどの動きも見えてきます。これはこれできつかったです。ほとんど無意識で行っているので、何のためにそうしているのか、質問をされても答えられないのです。

このように、テープ起こしを行うことで、それまで自分が無意識に行っていたことを意識することができるようになります。ぶれまくる発問や不明瞭な指示だけでなく、口癖や余計なひと言、悪い癖、視線、立ち位置までわかるのです。その結果、私の発問、指示も徐々に明確になり、クラスの子どもたちの動きも変わってきました。

少なくとも、これ以降、研究授業で10分早く終わるようなことはなくなったのです。

ま、当たり前ですけどね。

初めての原稿依頼

そんなこんなの2年目が終わろうとした3月。

1通の速達が佐用荘に届きました。

初めての原稿依頼です。

> 小学校学級経営　1988年8月号
> 「ほめ上手」が子供を伸ばす

テーマは、「ほめる」。

「すべての作家は処女作に帰る」という言葉があります(この言葉は本当にあります。先ほどと違いウソではありません)。処女作のなかにその作家のすべてがあるという意味です。

私は作家でもジャニーズ出身でもオケラでもミミズでもアメンボでもないのですが、初めて書いた原稿が、まさにその通りでした。

今見てみると、なんとよくできたことに、現在の俵原流の学級づくりのエッセンスがちりばめられているのです。

その一部を紹介します。

> 教師のもったプラスの先入観を、「ほめる」というプラスの手段を用いてその子どもに伝える。何度も伝える。ほめて、ほめて、ほめまくるのである。
> そうすれば、子どもに暗示をかけることができる。
> 子どもはその気になる。〔中略〕
> その気になった子どもは、自ら学ぼう、伸びようという意欲をもってくる。
> その意欲は、行動にあらわれる。その行動をとらえて、ほめてやる。

叱らずに、ほめることによって、子どもをプロデュースしていく。

拙著を1冊でも読んでくださった方は賛

同してくれることと思います。

さて、少し話が横道にそれてしまいましたが、ありがたいことにこの後もそこそこ原稿依頼をいただけるようになりました。……といっても、依頼する側は俵原が何を得意としているかなんて知りません（自分でもこの頃はわかっていません）。

いろいろなテーマをいただきました。なかには、テーマをいただいてから、そのテーマについて勉強を始めるといったものもありました。

初めての原稿もそうでした。「ほめる」とタイトルにある本を何冊も買いました。原稿料は、あっという間に消えていきます。全然足りません。

しばらくは、原稿を依頼されるごとに大赤字になるという状態でした。でも、それが少しも苦にはなりませんでした。

自分が、ふだんまったく意識していないことを依頼されるのです。学校現場だけでは学べない、新たな学びがここにありました。

鋼の意思をもっていない私にとっていい刺激になりました。

黒帯上達講座でしびれまくる

さて、原稿依頼以外にも、学校現場では学べないものが学べる場として、各種セミナーがあります。

私も20代のころには、いろいろな場所に出かけました。

その中でも、特に印象に残っているのが、1990年2月に千葉で行われた黒帯上達講座でした。

講師は、有田和正先生、野口芳宏先生という2人の授業の名人と明治図書の江部、樋口両編集長。講座は、もちろんすばらしいのひと言に尽きたのですが、講座の後の懇親会もまた面白かった（懇親会に行かないと損ですよ。懇親会に行くことで、講座では聞くことのできない楽しいお話も聞けたうえで、講師の先生方とも顔見知りになれるのです。まさに、1粒で2度おいしい）。

そして、事務局をしていた横山験也さんが2次会のお勘定のときに言ったひと言がまた秀逸。

「俵原さんは、1000円ね。遠くから来てくれたんだから。でも、ただというのも気を遣うでしょ。だから1000円」

かっこいいとは、こういうことです。

こうして、私はセミナー詣でにますますのめりこんでいくわけですが、ここで現在の俵原から20代の私にちょっと苦言をプレゼントします。

「セミナーというのは、バーチャルな世界だということ、わかっている？　依存症になったらあかんで。

確かに、セミナーに行くと、『若いのに休みの日に自腹を切って学びに来るって、えらい！』とほめられるわな。そのこと自体は嘘ではない。言っている方も本気で言ってくれている。だからなおさら心地よく自分のなかに入っていくんや。で、セミナーを最優先してしまう。

でも、給料はどこからもらってる？リアルな世界を大切にせんといかん。確かに、現場はしんどいこともいっぱいある。でも、現場の自分のクラスの子のことを最優先にしないといけないんやで」

これ、私がセミナーでよく話す内容です。もちろん、当時の私はここまでわかっていたわけではありませんでした。

でも、年休まで取って子どもに自習をさ

せてまで、セミナーに行く知り合いを見て、これは何か違うな……と感じたのでした。ありがたいことに、彼のおかげで、セミナーに対して、いい距離感で接することができるようになったのです。

飲み会でも、先に酔っぱらわれると、なんか冷静になってしまいますよね。そんな感じです。ほんと、先に酔っぱらわなくてよかった（ただし、その分、プロレス詣でには拍車がかかったので、金銭的にも、時間的にも余裕はできず）。

いざ、静岡へ……

そして、20代も終わり、30歳になったばかりのその年、私は静岡県清水市のある小学校に4日間内地留学をする機会を得ました。

I先生（当時28歳。ただし自称。25歳の息子さんがいるという噂あり）の5年生のクラスに入らせていただきました。

ある程度距離を置いていたものの、あいかわらず法則化運動から学び続けていた私にとって、自分がもっていた既成概念を打ち砕かれることが多く、めちゃくちゃ学びの多い4日間になりました。

まず感じたことが、

> 世の中にはすげぇ奴がいっぱいいる！

ということです。

本や雑誌やセミナーなどで見かける先生がすごい先生である……という思いが強すぎて、本を書いていない人に目がいっていなかった自分を反省しました。

まず驚いたのが、I先生は、

> 発問・指示で子どもたちを動かそうという意識がない

ことです。

とにかく子どもの動きを優先するのです。教師が準備した発問ではなく、子どもの言葉で授業が進んでいきます。

このことは、法則化運動で学んできた自分にとっては、コペルニクス的転回でした。

教師の都合で焦ったりすることも一度もありませんでした。もちろん怒鳴ることもありません。

だから、子どもたちが伸び伸びとしているし、クラスの雰囲気も温かいのです。

こんな教師になりたいと思いました。

そして、さらに驚いたのが、

> 授業で子どもたちとつながろうという意識

です。授業時間のなかで教科指導と生活指導をうまく融合させていました。それまで、「授業時間は、教科書の内容（もしくはその発展）を教える時間」ととらえていた認識が崩れた瞬間でした。

そして、その後、ここで新たに得た認識は「授業は子どもと仲良くなる時間です」という私のお気に入りの言葉につながっていくのです。

［代表的実践の誕生秘話］

Bの理論の誕生秘話

20代のころ、兵庫県で1000本合宿という企画がありました。参加条件は、「法則化論文を100本書いてくる」というものです。私はできもしないのに参加を表明して、できてもいないのに参加する……という反則技を使ったのですが、そのときにお会いしたのが、「教育の鉄人」こと杉渕鐵良先生でした。

それまで『ツーウェイ』でしか知らなかった杉渕さんと出会い、通信もいただき、有頂天になったのですが、その後、30歳を過ぎて、杉渕さんの教室に足を運ぶようになります。

リアルな教室のリアルな子どもの姿を見せていただき、何回行っても新たな学びがあり、大いに刺激を受けました。

今もそうですが、当時、杉渕さんの授業参観の後には必ず懇親会という名の飲み会がありました。私は、もちろん、参加です。

あるとき、一人の若手教師（品川泰崇さん）から次のような質問を受けました。

「杉渕先生は、クラスの子どもを一人ひとり見なければいけないと、おっしゃるのですが、どうやったらクラスの子一人ひとりを見ることができるのですか」

実は、杉渕さんは20代のころから同じような話をされていました。そして、品川さんと同じぐらいの年齢だった私も、当時、同じような疑問をもっていました。

ただ私の場合は、誰に聞くこともなく、「杉渕さんだからできるんだ」というようなイソップ童話にでも出てきそうな考えで自分を納得させていたのですが、時の流れはありがたいもので、いつの間にか自分も一人ひとりの子を見ることができるようになっていました。

ただ、いつの間にか……というあいまいな感覚的なものでしたので、質問をされても、とっさに言葉が出てきません。

それこそ、スイミーなみにうんと考えた末、ひらめいたのです。

> 普通の子に着目せよ。

いわゆるBの子です。Cの子と違い叱られることもない代わりに、Aの子のようにほめられることもない子です。

ところが、このような、つまり、教師の印象に残りにくい子はクラスのなかに確実にいます。

……ということは、

> このBの子を意識して見るようにすれば、その結果、クラスの子全員を一人ひとり見ることができるようになる

ということになるのです。

ビール片手に、品川さんに力説しました。

「Aの子は、ほっといても教師に近づいてくる。逆に、Cの子は離れていく。でも、動きがあるから意識はいくわな。だから、AでもCでもないBの子を意識して子どもたちを見ていけば、クラスの子全員を見れるようになるっちゅうわけや」

Bの理論の誕生の瞬間です。

本稿のテーマは、「達人教師の20代」です。

ところが、先に書いたように杉渕さんの授業を見に行くようになったのは、私が30歳をかなり超えてからになります。

つまり、私の代表的な実践である「Bの理論」がこのように形になったのは、20代ではないのです。

趣旨とは外れている……と思われるかもしれませんが、ちょっと私の言い訳にお付き合いください。

もし、品川さんが私に質問しなければBの理論は誕生していません。ここのところはいいですよね。

そして、品川さんが質問するためには、2人が杉渕さんの飲み会に参加していなければできません。杉渕さんの飲み会に参加するためには、杉渕さんを知っていなければできません。杉渕さんを知るためには、20代のころ、条件をクリアしていないのにもかかわらず、1000本合宿に参加しなければいけません。参加したからこそ、杉渕さんと出会えたのです。

そう、この話の肝は、

> 20代のころは、少しくらいずるい手を使ってもやりたいことはやろうよ

ということなのです。プロレスでも5カウント以内なら反則OKなんですから。

ねっ、ちゃんと、20代につながったでしょ(笑)。

20代のころにやるべきこと

わが師匠有田和正氏は、

> 授業は布石の連続なり

と言われていますが、その言葉を受けて不肖の弟子俵原はこう言います。

> 20代は、布石づくりをせよ

有田先生は先に述べた黒帯上達講座のなかで次のような話をされました。

「理論化はねらっていなかったのに、いつの間にか体系化していった」

話を聞いていたときにはよくわからなかったのですが、今ならよくわかります。

有田先生とレベルは違うものの、振返ってみれば自分もそうだったからです。

> 無意識の意識化
> 子どもをプロデュース
> 叱らない指導
> 自分のスタイルにこだわらない
> 授業は子どもと仲良くなる時間
> Bの理論

すべて20代のころに見たこと、したこと、感じたことが素地になっています。

「迷わず行けよ　行けばわかるさ」の精神で、多くの出会いをしてください。

結果がすぐに出なくても焦らなくて大丈夫です。何といっても、20代は、布石をつくるときなんですから。布石はいつか必ず花開きます。

あの衝撃的な研究授業をした若造が、今こんな原稿を書いているのです。ゴールは、ハッピーエンドに決まっています。

年譜
―俵原正仁―

1985年（22歳） 小学校教諭になる。
（兵庫県佐用町立長谷小学校）
向山洋一氏の『授業の腕をあげる法則』に出会い、教師修業に目覚める。

1986年（23歳） 古川光弘氏とともに、サークル「NEW LEADER」結成。
初めての原稿依頼がくる。

1988年（25歳） （芦屋市立打出浜小学校に）
『小学校学級経営』8月号「『ほめ上手』が子供を伸ばす」にて、「ほめてほめてその気にさせる」が掲載。
同じ学校の金川秀人氏らと空き時間に授業を見合うサークル「見せっこ会」結成。週3回ペースで公開授業を行う。

1990年（27歳） 黒帯上達講座に参戦。
有田和正氏、野口芳宏氏の授業の名人と初めて話をし、憧れの念がますます強くなる。

1993年（30歳） 静岡県清水市に4日間の内地留学に行く。向山氏とはタイプがまったく違う教師に出会い、衝撃を受ける。

1995年（32歳） 阪神淡路大震災。日常の大切さ、幸せとは何か等多くのことに気づかされる。

1997年（34歳） （芦屋市立朝日ヶ丘小学校に）

1998年（35歳） 初の単著『学級生活おたよりパック』出版。絶賛廃版中。

2002年（39歳） 「島唄」の授業を公開。有田氏にほめられて、有頂天になる。

2004年（41歳） 有田氏をメイン講師としてお呼びし、1000名規模の研究会を行う。自ら体育館で200名以上の参観者の下、社会科の授業を行い、撃沈する。

2005年（42歳） 教育110番という電話相談員を引き受ける。話を受け止める力が鍛えられる。

2006年（43歳） （芦屋市立宮川小学校に）

2008年（45歳） 7月5日付朝日新聞夕刊に「お笑い係」の実践が取り上げられる。この日、日本は大きな事件もなく平和な日であったことがわかる。
朝日放送「おはよう朝日です」、毎日放送「ちちんぷいぷい」でも取り上げられる。

2010年（47歳） 『小3教育技術』での連載をまとめた2冊目の単著『授業の演出ミニ技アラカルト』が出版。こちらは絶賛発売中。

2011年（48歳） 3冊目の単著『なぜかクラスがうまくいく教師のちょっとした習慣』が出版。特にアマゾンで絶賛発売中。
以後、毎年何らかの本を書かせていただける幸運に出会う。
（芦屋市教育委員会へ）
マイクの代わりに、チョークをそっと教室に置き、25年間の担任生活から引退する。

2012年（49歳） （芦屋市立山手小学校に）
教頭として現場に復活。

2014年（51歳） （芦屋市立打出浜小学校に）。

●たわらはら・まさひと●
1963年兵庫県生まれ。
兵庫県芦屋市立打出浜小学校教頭。

file：010

ただただがむしゃらに
学んでいた20代

未熟なら情報量で圧倒せよ！

土作　彰
Akira Tsuchisaku

〔初任の頃の授業〕

いきなりの挫折

中学英語教師への夢が破れて、いわゆる「でもしか」で小学校教師になりました。新卒1年目、奈良県南部の僻地校で純朴な4年生15人の担任になりました。24歳の若造でした。

当時私は生意気にも「自分は大学で教育実習や教科教育法などをひと通り学び、免許も取得し、採用試験も突破したのだ。もうすぐに現場で通用するはずだ」などと思い上がっていたのだと思います。つまり教職に就いたことを「ゴール」だと勘違いしていたに違いありません。教師は教師になってからが「スタート」であり、そこからどのように力量をアップさせていくべきか、またそれがなぜ必要なのかなどとは考えもしませんでした。そのような考えが存在することすら知らなかったのです。ただ若さに任せて子どもたちと遊んでいれば学級はうまくいくだろう程度にしか考えていなかったのです。

授業はいわゆる「赤本」という指導書一辺倒でした。前日に教材研究しておくことなど頭になかった私は、行き当たりばったりの授業をくり返していきました。今考えると自分がかつて受けてきた授業のかすかな記憶をたどり、あとは勘だけで適当にやっていたのです。

今私は拙著やセミナーで教師の「教える」力量がいかに学級経営を行っていくうえで大切か説いていますが、振り返るのも恥ずかしいくらいの無頓着さでした。まあ、言うなれば教職を「ナメ切って」いたのです。こんな状態でしたから、学級はやがて崩れはじめていきました。まず秋口にいじめ行為が発覚しました。一人の女の子がいわゆる不登校になったのです。保護者からの訴えがあって初めて気づいたのでした。わずか14人の子どもたちの間で起こっていたことすら何ひとつわかっていなかったのです。その子は1カ月ほどで登校できるようになりましたが、授業は毎日怒声の連続。子どもたちはこの頃から、加速度的に荒（すさ）んでいきました。保護者からの苦情も相次ぎ、管理職からの指導もたびたび入るようになりました。いくら鈍感な私もこの頃になると「これではいけない」と思うようになりました。

しかし正直言って何が悪くてこうなったのかわからないというのが現実でした。「学級経営は授業で決まる」などと聞いたことはありましたが、それが具体的にどのようなことを指すのかはまったくわかっていませんでした。

［指導力向上のために］

情報量こそ「武器」！

教育書とセミナーとの出会い

「何とかしなければ……」。そう思った初任の冬休みに、生まれて初めて教育書コーナーに行ってみたのです。そこには「明日使える教育技術」が満載でした。「なるほど！　こういった情報を手に入れなければ日々の授業は退屈きわまりないものになるんだな！　しかしそれにしても、赤本とはまったく違う面白い実践ばかり！　しかもこんなものがあるなんて大学でも初任研でも教えてくれなかったぞ！」

これは！と思った後の行動は速い。ありったけのお金で山のように教育書を購入し、むさぼり読みました。同時に7種類の教育雑誌を定期購読することにしたのです。

同時に「教育セミナー」なるものにも足を運びました。当時小学校は土曜日の午前も授業がありました。授業を終え、車で4時間かけて大阪に出て1泊し、翌朝日帰りで東京のセミナーに参加しました。セミナー名は「授業の腕をあげる1日講座」。講師は教育技術の法則化運動代表の向山洋一氏らでした。

当初「1日セミナーなんて長いなあ！　遠距離移動で疲れているし、まあつまらなかったら寝たらいいか」ぐらいに考えていたのですが、ここでカルチャーショックを受けたのです。面白くて眠れないのです。逆に興奮度が高まってくるのを覚えました。「セミナーとはこんなにも面白いものなのか！」。終電ギリギリまで懇親会にも参加し、講師の先生方の話を聞きました。終電で帰り、奈良の勤務校に着いたのは日付も変わった月曜日の深夜でした。

肉体的には疲れているのですが、精神的には元気になれたのを思い出します。若かったので無理も利きましたので、しばらくは学期に数回はこうしたセミナー行脚を続けていきました。

サークル結成

東京へは大学のラグビー部だった友人たちと通いました。蛇足になりますが、当時新幹線には食堂車があり、そこでビールを飲みながら友だちと教育談義するのが楽しかったのも、遠方へ出かける際のモチベーションになったのだと思います。

ある東京でのセミナーからの帰り道、友だちとビールグラスを傾けながら「サークルを結成しようや」ということにもなりました。「奈良法則化サークルかぎろひ」の誕生です。それからほぼ月1回のペースで土曜日の放課後にサークルを開催しました。

おもに学級通信や雑誌原稿、授業で使えるグッズなどを持ち寄りました。「誰か力のある先生のもとに集って教えを請う」のではなく、「自分たちがやっていて楽しいなあと思った情報を持ち寄ろう！」といったノリのサークルでした。ですから、「法則化」を名乗ってはいましたが、特定の団体に限定した情報交換だけを行うようなことはしませんでした。サークルメンバーが思い思いの研究会に出かけて「これおもろいやろ？　聞いてや！」といった感じでネタや実践を披露し合う。終わったらその日の情報を肴に飲みに行く！　そんな楽しい時間でした。

・法則化セミナー
・仮説実験授業研究会
・学力研
・リズムダンス研究会
・人権ワークショップセミナー
・地球市民教育センター
・構成的グループエンカウンター
・日本基礎学習ゲーム研究会
・ユニセフ大阪事務局
・マル道

少々軽い？　と思われるかもしれませんが、なんと言っても楽しくなければ続きませんからね(笑)。悲壮感など微塵もなかった。ただただゲットしたネタで授業を行い、子どもたちといい関係を作っていけることが楽しくて仕方なかったのを覚えています。

ターゲットを絞ってセミナー参加

さまざまな研究団体から貪欲に学ぼうというスタンスでしたが、あれこれとセミナーに参加しているとどうしても「浅く広く」なってしまいます。そこでいくつかの研究団体をピックアップし、ターゲットを絞って深く学んでいこうという思いになりました。主に私が重点を置いた団体での学びを紹介します。

仮説実験授業研究会

もともと私は理科の実験が大好きでした。でも学校では教科書にあるつまらない実験ばかりで辟易(へきえき)していました。テレビ番組などで面白実験があると食いつくように見入ってました。「もし自分が教師ならもっとおもしろい実験で子どもたちをあっと言わせるのになあ」と強く思っていました。ですから友人が「仮説っておもしろいでえ！」と言って仕入れてきたネタを見せてくれたときに、「これは万難を排して行かねば！」と思い立ちました。その友人がサークルで紹介してくれたイベント情報を見て参加しました。毎年春休みに尼崎で行われている「仮説実験授業入門講座」でした。

実際に行ってみてびっくり！　まずは最初に訪れた「実験器具売り場」です。もう明日からでもすぐにできる実験器具やグッズが所狭しと並んでいるのです。時間も忘れて、有り金全部はたいて手当たり次第にグッズを購入していました。5年は通いましたが、使った総額は数十万円にもなりました。でも子どもたちが喜んでくれるのです。安いもんだ！　と金に糸目はつけませんでした。

順序が逆なのですが、売り場から授業書体験講座に参加しました。一度に魅力的な講座が同時進行しているのです。目移りして仕方なかったのですが、最初に「虫メガネとレンズ」に参加しました。

それまであまりレンズとか光関係の分野

は得意ではなかったのですが、授業書のわかりやすいこと！　そして実験のおもしろいこと！　講師の先生のお話や授業にいつの間にか引き込まれていました。そのときに思ったのです。「授業ってこんなに楽しいんだなあ！」と。つまり、私は理科の知識を得ただけでなく、「学ぶことの快感」を肌で感じたのでした。

「授業書さえあれば未熟な私でも子どもたちが夢中になれる授業ができる！　夢みたいだ！」そう感じたらあとはもうとどまるところを知らずにのめり込んでいきました。入門講座だけでなく、夏や冬の全国大会にまで参加するようになりました。中でも夏に名古屋で行われていた「サイエンスシアター」はめちゃくちゃおもしろく、「まさしく『楽しい授業』だなあ！　幸せだなあ！」と感じていました。

授業書は理科だけでなく算数や国語、社会、道徳と何でもありましたから、数年間は「仮説どっぷり教師」となりました。当時は小規模校でしたから、単学級です。他のクラスと足並みを揃える面倒さがなかったのも幸いしたのでしょう。この数年で仮説の授業書はほぼ全部読み終え、代表的な授業（たとえば「もしも原子が見えたなら」など）も出会った子どもたちには必ず行っていました。20代ではありましたが、「ネタの威力」で毎日授業が楽しい日々を送っていました。

今もネタの講座を行うときは理科実験を多く紹介しますが、このときの学びが基礎になっていることは言うまでもありません。

※ただし仮説実験授業は「授業書」を使うことを基本としています。実験だけを紹介するのは「つまみ食い」として厳に慎む行為とされています。そこで私は実験を行うときは必ず仮説の「授業書」以外の文献から同じ内容の実験を扱った部分を探し出して熟読し、プラスアルファの内容を加えるようにしています。また「授業書」に紹介されている実験を行う場合は、必ず引用を示してから行うことにしています。

［仮説実験授業研究会で購入した書籍］

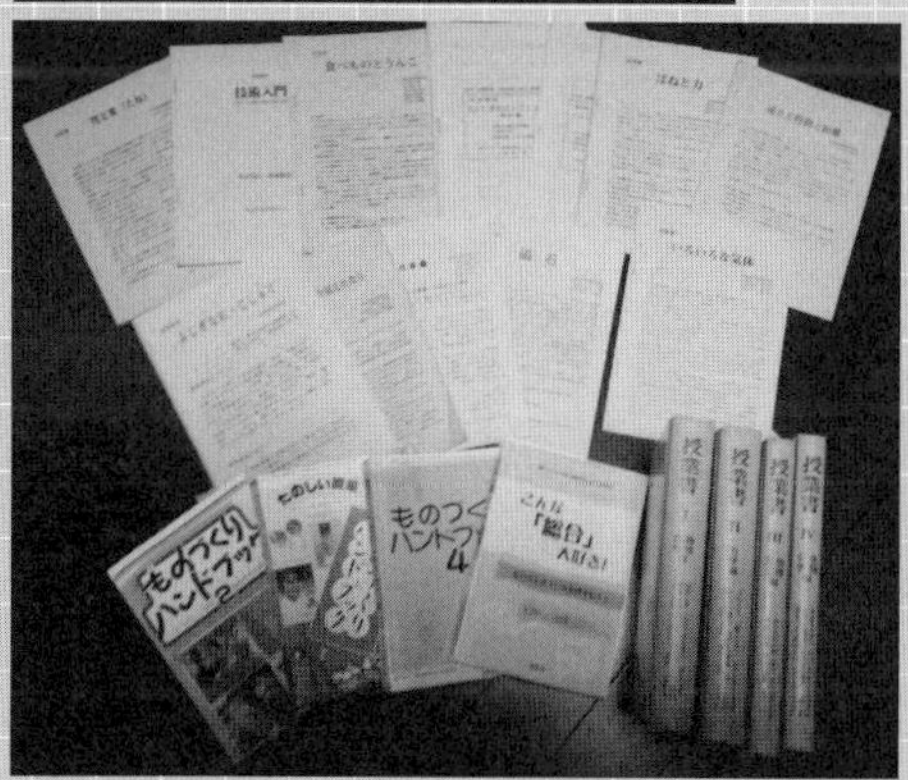

マル道

正式名称を「教育技術の法則化運動ネットワーク『道徳授業記録』」といいます。この団体はその後「道徳教育改革集団」と名称を変え、今は「道徳のチカラ」となってその志は引き継がれています。

さて当時の「マル道」の代表＝隊長は群馬の小学校教師深澤久氏でした。山口県で行われた合宿で初めてお会いしました。この合宿は「自立合宿」という名称だったのですが、当時の私にはその「自立」がいったい何からの「自立」なのか知る由もありませんでした（これが教育技術の法則化運動中央事務局からの「自立」だということを理解したのはそれから数年も後のことでした）。

さて、深澤氏は講座のなかで今や伝説と

なった「命の授業」を紹介されていました。すでに本を読んでその実践を知っていた私は「ライブ」を受けて、さらに深澤氏への関心が高まりました。「直接話をしてみたい」。26歳だった私は、懇親会の場で思い切って深澤氏の横へ行き、「自分の実践を聞いてください！」と自分の行った道徳授業のあらましを説明しました。「障害者理解」の授業だったと思います。その内容をしばらく黙って聞いていた深澤氏は、話の途中でいきなりこう言われました。「最悪だ！　こんな授業をしているのか？　信じられない！　私はこんなクダラナイ話をしに来たのではない。もっと建設的な話をしに来たのだ！」と言うや、席を立ち別の話の輪へ移って行かれました。

ひと言で打ちのめされた敗北感で、先ほどまでのハイテンションはどこへやら。一気に意気消沈してしまいました。そこへやってきたのが当時マル道本部スタッフの佐藤浩樹氏（現在、神戸女子大学准教授）でした。彼は先ほどまでの私と深澤氏のやりとりを聞いていたのです。「土作さん、深澤先生はきついでしょ？　はじめはああやって根性があるか試しているんですよ。ですから、ぜひ8月の高崎の全国合宿には論文を持って参加してね。期待してますよ」

いったん落ち込んだものの、佐藤氏の励ましを受けて「ようし！　今度は論文で認めさせてやる！」と再び闘志を奮い立たせたのを覚えています。

その夏の高崎合宿に私は3本の論文を持参しました。その3本はなんと講師陣の前で「斬られる」ことになりました。

2本は「問題外」だったのですが、そのうちの1本「子どもの権利条約」の授業は宇佐美寛氏から「A判定＝及第点」を頂けたのです。その後のグループ検討会でも全メンバーから「A」を頂き、その実践は『子どもが本気になる道徳授業』に掲載されることになりました。その後もマル道関係のセミナーにはたびたび足を運び、私はいつの間にか「マル道奈良代表」という肩書きを頂くことになりました。また自立合宿ＩＮ奈良を企画し、１３０名の参加者を集めて大盛況のうちにセミナーを終えることができました。そのイベントの後、家に戻ると深澤氏からファックスが届いていました。「このたびはお世話になりました。いまだかつて3ケタのイベントを成功させたサークルがいくつあったでしょうか？　これからは同志としてよろしくお願いします」という内容でした。「やっと仲間として認めてもらえた！」とサークルメンバーと大喜びしたのを覚えています。

最後に深澤久氏について少々述べさせてください。現在深澤氏は小学校を退職され、「悠々自適」な生活を過ごしていらっしゃいます。それでも雑誌の編集会議などでお会いすると、相変わらず切れ味鋭い考え方を述べられます。背筋を正して聞いています。そんな深澤氏は時々若手の先生方のイベントやサークルに出向き、「ご指導」されていますが、若手教師たちの深澤氏への印象は「怖い！」「恐ろしい！」というものに統一されます。しかし先述したとおり、初対面の若手には厳しいものの、拙くとも一所懸命にがんばる方のことを決して見捨てず、最後まで面倒をみてくださる優しい方です。これをお読みの若手の先生方はぜひ一度深澤氏に会われてみてください。そうしてバッサリ斬られてみてください。「なにくそ！　今度こそ！」という闘志がある限り、氏はあなたにとってすばらしい目標となるはずです。

[㊣奈良通信]

サークルのたびに私はこの通信を数本持っていきました。検討の後修正、加筆し、合宿に臨みました。多くは「ボツ」となりました（笑）。この No. 24 は、当時学んでいたユニセフの実践集をもとに作成したものです。

㊣奈良通信 No.24

「ストリートチルドレンと少年ゲリラ」中村香樹氏の修正追加追試

ねらい
- ストリートチルドレンや少年ゲリラの存在を知り、考える。
- こどもの権利条約の内容を知り考える。

〈平成6年10月25日実施　5・6年複式　女子3名〉

- 次の資料を黒板に貼る。

発問1　だれが何をしているのでしょうか。

- 「子どもがスコップで何か掘っている」、「くつを磨いている」など、見た通りの様子を出させ、確認する。「働いている。」という答えが出たのでこう問うた。

—10—

発問2　なぜ働かなければならないのでしょう。

- 「家が貧しくて、お金を稼ぐため。」という考えが圧倒的であった。

説明1　この子たちには家があります。親もいますし、兄弟もいます。しかし、家がとても貧しいので、家計を助けるために、働いているのです。もちろん、学校にも行けません。また、家がありながら、幼い兄弟がたくさんいて狭いので、都会の路上に寝泊りしているのです。このような子どもたちを「ストリートチルドレン」といいます。

☆「ストリートチルドレン」と板書する。

発問3　写真のこどもたちはそれぞれどんな仕事をしているのでしょうか。

☆順に正解を言っていく。

発問4　こどもたちの賃金はいくらくらいだと思いますか。

- 全員、かなり低く見積って、「1000円」、「2000円」などと答えた。1日で約50〜300円であることを告げる。

発問5　このようなストリートチルドレンは世界中に何人いると思いますか。

説明2　世界中に3000万人です。別の調べでは、約1億人とも言われています。日本の小・中学生全員をあわせて、1500万人であることを考えてください。その人数の多さが分かるでしょう。

- 次に資料「ストリートチルドレンのサンパト」を配布し、読む。

—11—

〇 ストリートチルドレンのサンパト

「……　今年12才になるサンパトも、そのゴミの山を住まいのようにしていた。サンパトはそこで骨や壊れたガラスのかけらや、発酵させた魚を包装するために再利用するスズ箔などを拾い集めたりして、廃品回収業者のところに売りに行っていた。

サンパトは九つのときから毎日、おとながもらう賃金のわずか5分の1ほどの金で14時間も働いた。…………」

国際人道問題独立委員会報告

「ストリートチルドレン」より

指示1　これらのことを知って、感じたことを書きましょう。

▶私達は学校に行って勉強するのがあたりまえだと思っていたけれど、外国のある所では子どもが学校にも行かず働いていることを知っておどろいた。

▶14時間も働く子どもがいるとはおどろいた。私たちは家で寝るけれど、外で寝ている子が多いことにもおどろいた。

▶家族の人は反対しないのだろうか。家族の人々もよく似たことをして働いているのかなあと思った。

- 続いて、次の資料を黒板に貼った。

—12—

発問6　気付いたことはありませんか。

- ノートに書かせる。「大人の中に子どもがいる。」、「大人は銃を持っている。」などに気付いている。

説明3　この子は、少年ゲリラ（兵士）です。5才の頃に、ゲリラに誘拐され、人を殺す方法を叩き込まれました。つまり戦争の道具にされてしまったのです。目の前で両親や家族を殺されてしまった子も少なくないとのことです。

- 続いて、次の資料を配る。「こどもの権利条約」の要約版である。

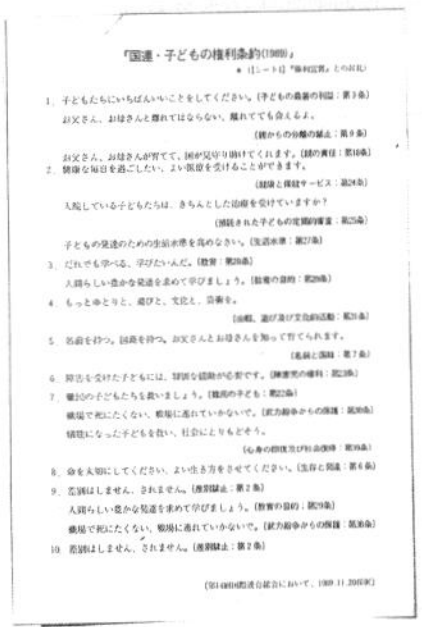
『国連・子どもの権利条約(1989)』

1. 子どもたちにいちばんいいことをしてください。（子どもの最善の利益：第3条）
お父さん、お母さんと離れてはならない。離れてても会えるよ。（親からの分離の禁止：第9条）
お父さん、お母さんが育てて、国が見守り助けてくれます。（親の責任：第18条）
2. 健康な毎日を過ごしたい。よい医療を受けることができます。（健康と保健サービス：第24条）
入院している子どもたちは、きちんとした治療を受けていますか？
子どもの発達のための生活水準を求めなさい。（生活水準：第27条）
3. だれでも学べる、学びたいんだ。（教育：第28条）
4. もっとゆとりと、遊びと、文化と、芸術を。
5. 名前を持つ。国籍を持つ。お父さんとお母さんを知って育てられます。（名前と国籍：第7条）
6. [illegible]
7. [illegible]
8. 命を大切にしてください。よい生き方をさせてください。（生存と発達：第6条）
9. 差別はしません、されません。（差別禁止：第2条）
10. 差別はしません、されません。（差別禁止：第2条）

—13—

日本基礎学習ゲーム研究会

私がマル道で学んでいた頃に、切っても切れない縁があったのが日本基礎学習ゲーム研究会です。代表は当時千葉県の小学校教師であった横山験也氏でした。

横山氏は先述の自立合宿に深澤氏と「セット」の常任講師でした。深澤氏と比べて柔らかい物腰で、また話される内容も実に知的で楽しく、マル道と同じくらいの頻度でこの研究会主催のセミナーにも参加しました。

千葉は東京よりも遠く、経済的に余裕のなかった私は夜行バスで通ったものでした。早朝に千葉中央駅前に放り出されて、セミナー開始までの時間を会場前のベンチで眠りながら過ごしたのを覚えています。しかしセミナーの内容は、そのような労力を差し引いても余りある素晴らしくおもしろいものでした。

当時の講師のメンバーのなかには今でも私が大きな影響を受けている方がおられました。戸田正敏氏、中田寿幸氏、三橋勉氏、城ヶ﨑滋雄氏、萩谷高史氏らの面々です。この頃にこの方々から学べたことが今の自分を支えてくれているのは確かです。

この研究会で学んだ最も大きなこと。それは「つまずく子どもの視線になれ！」ということに尽きます。教師は大人の感覚、視線で子どもたちを見ています。故に子どもたちの実態から乖離した指導法を強制していることが少なくありません。代表の横山氏の実践は「そうか！　そんな手があったのか！」と思わせるものばかりでした。こんな発想はどこから出てくるのだろうか？　氏のセミナーを聞きながらいつも感動していた自分がいました。

横山氏は今や出版社をはじめとするいくつかの会社の社長さんをされていますが、まさに「人生の達人」という形容が似合うものすごい方です。

20代に深澤、横山両氏からイズムを伝授して頂けたことを本当に幸せに思います。

地球市民教育センター

マル道では当時独自のパラダイムをもっていました。私はそのなかで主に「人権」の授業実践に没頭していました。これは自分が人権教育の盛んな関西の教師であったこともありますが、やはり深澤氏の薦めがあったことが大きいです。「人権単元は任せたよ」といった感じで「期待されている」と勝手に感じていたのだろうと思います。とにかく実践を創出しなくては！　と思うのですが、いかんせん情報量不足の浅学さ。まずはインプットからと思い参加したのが地球市民教育センターだったのです。ここでは主に欧米の人権教育プログラムを研究、実践されていました。毎週末にワークショップに参加し、新しい潮流に乗りつつあった人権教育の基礎を学びました。

今ではワークショップという言葉はもう市民権を得た感がありますが、当時はそんな言葉はほとんど聞いたこともありませんでした。いったい何をするのだろう？　と思い参加すると、ゲームや活動を中心としたまったく新しい授業形態だということがわかりました。また構成的グループエンカウンターのワークショップもそのような流れのなかで参加することになりました。

もちろん、勤務する学校でも人権主任として人権教育の研修や研究発表を行いました。学校現場でも体験型の人権教育はまだまだこれからという頃でしたので、目新しい実践群は大きな注目を受けることになりました。

［代表的実践の誕生秘話］

「人権教育」の実践創出のなかで

このようにインプットをひたすら続けてきた20代でしたが、それまでの学びを総合してオリジナルの実践も創出しはじめました。もちろんそれらの多くはマル道の論文検討会で「不合格」となりましたが、いくつかの実践は「合格」となりました。

代表的なものが「新聞記事の授業」です。マル道では「人権」について、地球市民教育センターでは「ステレオタイプ」について学んでいたからこそ思いついた授業でした。概略は次の通りです。

ある新聞社の高校野球の記事を取り寄せるのです。対戦した高校のある都道府県の地方版2種類をです。例えば「大阪代表」対「東京代表」のゲームなら、大阪版と東京版をです。当然それぞれの見出しには同郷の高校への賛辞が踊ります。それを提示して子どもたちに「なぜ同じ野球のゲームの記事なのにこんなに書かれ方が違うのだろうか?」と問います。子どもたちは、書き手は伝えるべき相手を意識していることに気づきます。

また、オウム真理教のサリン事件を追ったある新聞社の記事の変化を示します。図書館へ行って縮刷版を調べ上げ、拡大コピーして提示するのです。子どもたちは見出しを読むだけで、警察がある無実の男性を犯人と決めつけ、マスコミはそれを鵜呑みにして誤った情報を全国に垂れ流したことがわかります。人権がみるみるうちに侵害されていく様子が手に取るようにわかります。

時折しも「メディアリテラシー教育」が取りざたされていましたから、これらの実践は教育雑誌にも掲載されました。あの厳しい深澤氏も「土作さんには負けてられないなあ」と言ってくださいました。私が氏から頂いた数少ない賛辞でした。ひたすらにインプットすれば「数撃ちゃ当たる」こともあるのですね。ちょっぴり自慢話でした。

私はこの20代の頃の実践をもとに「教育ミニネタ」という分野を立ち上げ、以後研究活動を続けてきています。当初はがむしゃらに数多くの実践を集めることに没頭してましたが、50代を目前にしてさすがにその考えは変わってきました。「いくら良質といわれる実践群を数多く真似したところで、良い学級は創れない」ことに気づいたのです。では何が必要なのでしょうか?

これが「哲学」です。教師には、目の前の子どもたちをこう育てたいという確固たる思い＝「哲学」がなければ、授業の真似事はできても学級づくりはできないのです。

年譜

—— 土作　彰 ——

1990年（25歳）　奈良県の小学校教員となる。

1991年（26歳）　生まれて初めて教育書コーナーへ行き、本を大人買い。同時に教育雑誌を7種類定期購読しはじめる。

1992年（27歳）　このころ大学のラグビー部の仲間とサークルを結成する。

1993年（28歳）　仮説実験授業研究会のセミナーに参加しはじめる。ほぼすべての授業書を購入する。

1994年（29歳）　自立合宿ＩＮ奈良を開催。130名の参加者を集める。「正式」にマル道の仲間入り⁉「新聞記事」の授業を開発。ミニネタ収集が本格化する。

1995年（30歳）　マル道人権授業づくり研究会事務局長となる。大阪で森実氏、宇佐美寛氏、深澤久氏らを招聘（しょうへい）して「人権授業づくりセミナー」を開催。

1998年（33歳）　『ネアカ学級をつくる仕掛けミニネタ100選』を発刊する。

2000年（35歳）　奈良教育大学大学院に内地留学。斎藤喜博全集を読破する。群馬の深澤久氏の学級へ貼り付き取材。衝撃を受ける。このころから単にネタを集め、追実践を重ねているだけではだめだということに気づきはじめるも、有効打を打てない日々が続く。

2001年（36歳）　道徳教育改革集団関西支部長になる。ラグビーが素人の子どもたちを伸ばすための指導法を研究しはじめる。奈良県広陵ラグビースクールの5年生コーチとして県初制覇。

2002年（37歳）　『ミニネタで愉快な学級を創ろうよ』を発刊。以後ほぼ毎年1冊の教育書を発刊し続けていく。奈良県広陵ラグビースクールの6年生コーチとして県連覇。

2008年（43歳）　現任校で初めて研究主任となる。

2010年（45歳）　『子どもを伸ばす学級づくり』を発刊。この頃から「哲学」論を本格的に研究、発表しはじめる。初教育ＤＶＤを発刊。雑誌『教師のチカラ』編集委員になる。研究主任として外国語活動の教育課程を編成しはじめる。

2011年（46歳）　「哲学論」ＤＶＤを発刊。

2012年（47歳）　初めて石巻市でのボランティア活動に参加する。

2013年（48歳）　現任校で初めて学年主任となり、「育てる」学年経営にチャレンジする。授業における「教える」「繋げる」「育てる」の3要素が重要だとする「3Ｄ理論」を提唱。

2014年（49歳）　現任校で初めて生徒指導主任となり、「育てる」学校経営にチャレンジする。

●つちさく・あきら●
1965年大阪府生まれ。
奈良県広陵町立広陵西小学校教諭。

file：011

教師がいなくても
成り立つ教室を
めざしていた20代

目の前の子どもたちの事実がすべて

中村健一
Kenichi Nakamura

［初任の頃の授業］

子ども中心の教育をめざしていた

恥ずかしながら「人権派」でした

私は大学時代、法律ゼミに所属していました。ゼミの教授は、ガチガチの護憲派。簡単に言えば、「左」です。教授の知り合いの弁護士とお酒を飲むことも多くありました。そのため、私もどっぷり「左」の思想に染まっていました。支持政党は、もちろん共産党です。

大学時代は、「左」の思想に染まりながら、結構真面目に活動もしました。教授や弁護士に唆（そそのか）され、校則に反抗する中学生の味方をしたこともあります。そのときは、その市に勤務する中学校教師すべてにアンケートを送りつけました。そして、そのアンケートを分析して批判しました。

このとき、私にとって教師は「敵」だったのです。

そんな私が今では「すべての教師の味方だ」といろいろな著書で公言しています。だから、人生は面白い。素敵なのです。

子ども中心の教育をめざす

そんな若い私は、教師になってからも、教師の指導を否定していました。簡単に言えば、教師がいなくても成り立つ教室をめざしていたのです。

たとえば、3年目の学級通信のタイトルは「たまねぎ」です。第1号には、「たまねぎ」というタイトルをつけた理由として次のように書いています。

> 名前を「たまねぎ」に決めました。たまねぎは放っておけば勝手に芽がでてきます。私は子どももいっしょだと思うのです。その芽を大人の都合で摘み取ってしまいたくはありません。

また、第1号には次のような記事も掲載されています。

> みんなの力で5年1組をすばらしいクラスにしてください。
>
> 私は黒板にこの言葉を書いておきました。「すばらしいクラス」を作るのは子どもたちです。31人全員の力をあわせてがんばるしかありません。
>
> 「すばらしいクラス」とは、どんなクラスなのか？　思いは一人ひとりばらばらでしょう。もちろん、全員が私と同じ考えのはずはありません。
>
> 一人ひとりが「すばらしいクラス」っ

てどんなクラスだろう？　「すばらしいクラス」にするために自分は何をすればいいのだろう？　考えてほしいと思います。
そして、自分が思う、自分たちが思う「いいクラス」を、自分たちの力で作り上げてほしいと願っています。

できるだけ教師の存在を排除しようとしているのがわかります。今の私とは、まったく逆ですね。110～111ページに「たまねぎ」第3号の実物を紹介します。読んでいただければ、当時の私の実践がさらによくわかると思います。

「ていあんの時間」

そんな私の卒論のテーマは「子どもの権利条約」でした。特に第12条の「意見表明権」を中心に取り上げたと記憶しています。12条の第一項は、次のようなものです。

締約国は、自己の意見を形成する能力のある児童がその児童に影響を及ぼすすべての事項について自由に自己の意見を表明する権利を確保する。この場合において、児童の意見は、その児童の年齢及び成熟度に従って相応に考慮されるものとする。

若い私は、この条約を教室に生かすことを真剣に考えていました。たとえば、「ていあんの時間」という実践です。これも、学級通信「たまねぎ」第12号に様子が紹介されています。

「ていあんの時間」

クラスがどんどん動いています。

席替えなど、クラスを変えていくことを子どもたちに任せています。子どもたちがそろそろ席替えがしたいと思えば、朝の会の「ていあんの時間」に提案します。そして、みんなに賛成してもらえれば、席替えを行うことができるのです。

5年生が始まって、1カ月がたちますが、クラスはどんどん変わっています。例えば、日直の仕事は、最初は①日誌を書くこと、②朝の会などの司会、③授業の号令の3つでした。今では、牧野さんの提案により、④給食台の片付け、⑤カーテンの開け閉めの5つに増えています。

今のところ、毎日の「ていあんの時間」に発表する人は15人前後。クラスのたった半分でしかありません。とても残念なことです。

一人ひとりが、クラスの一員です。クラスのことを勝手に決められてよいはずがありません。もっと積極的に「ていあんの時間」に参加し、クラスをどんどん動かしていってほしいと願っています。めざせ!!　全員発言!!

若手は絶対に真似してはいけない

今読み直してみると、まったく甘い。恥ずかしい限りです。こんな実践が成り立っていたのですから、まだまだ教室は平和だったのでしょう。

今こんな甘い、ゆるい実践をしてしまったら、若手は1年ももたないのは目に見えています。若手は私の若い頃の実践を絶対に真似してはいけません。古き良き時代の実践だと理解してください。

堀本くん「誰か立候補はいませんか。」（誰も手を挙げない。少しシーンとする。）
村上くん「堀本くんがいいと思います。さっきもたくさん提案していました。」
（大きな拍手が起こる。）
堀本くん「ぼくがやります。」（少し照れながら）
「女子はだれかいませんか？」
井藤くん「川野さんがいいと思います。」（女子も推薦になったようだ。）
木村さん「私も川野さんがいいと思います。何度も学級委員をやっているからです。」
（「私も」の言い方がいい。理由がついているのもいい。）
〇〇さん「私は木村さんがいいと思います。何でもハッキリ言えるからです。」
小田くん「牧野さんがいいです。わけは４年生の３学期にやっているからです。」

こんな感じで話し合いが進んでいきます。とりかかりが速いのに驚きました。

今日決まったことは、つぎの４つです。

・学級委員（堀本くん・川野さん）
・係（新聞係・集会係・学習係・せいとん係・音楽係・理科係・保健体育係）
・日直（席順にやる。仕事は、日誌・朝の会などの司会・授業の号令）
・給食当番（３グループに分ける。出席番号順で。）

ここまで、決まった時に時間がきました。子どもたちが「もう少し時間をください。」というので、明日も時間をとることにしました。

今日発表した人は１９人。手を挙げたけど当たらなかった人が２人。手は挙げなかったけど、拍手やうなずくことで参加した人が７人。
最初の話し合いとしては、満点だと思います。「自分たちのことは自分たちでできるんだ。」と自信になったことでしょう。

子どもたちに任せるということは、常に不安との背中合わせのようなものです。しかし、ここで口出しすれば、せっかく伸びようとしている子どもたちのやる気を大人の都合で押しつぶしてしまうような気がしてなりません。
これからも子どもたちに任せていこうと考えています。また、５年１組はそれができるクラスであると信じています。

[学級通信「たまねぎ」3号]

たまねぎ	NO. 3
埴生小学校　5年1組　中村健一	1995. 4. 12（水）

4月11日————初めての学級会

5年1組がスタートするにあたって、決める必要があることを考えてくる。

前日に出した宿題です。一体どんなことを考えてくるだろう？一体どんな話し合いになるだろう？とても楽しみに教室へ向かいました。

『宿題をやってきた人？』

こうたずねると、全員の手が挙がりました。たいしたものです。

子どもたちが考えてきたことは次の15個です。黒板に書きました。

・学級委員	・席	・そうじ場所
・係	・ルール	・クラスのもくひょう
・日直	・朝の会	・個人のもくひょう
・給食当番	・帰りの会	・朝学
・班（班長）	・ロッカー	・くつばこ

『時間がもったいないから、ロッカーとくつばこは先生が決めてもいいですか？』

と聞きくと、子どもたちが賛成してくれました。そこで、放課後、私が出席番号を書いたシールをはっておくことにしました。

『後は自分たちで決められるね。』

こう言って、私はいつもの通り、後ろの自分の席に座りました。

最初の方の記録をちょっとだけ紹介します。

（ざわざわしている。どうしようか、みんな口々に話し合っているようだ。）

堀本くん「司会を決めた方がいいんじゃないですか。」

（全体で話し合いをしようと提案している。みんなが注目し、おしゃべりが消えた。）

何人かの子「とりあえず、学級委員を決めて、その人が司会をしたら？」

（みんなこの意見を取り入れたようだ。）

［指導力向上のために］

目の前の子どもの事実から学ぶ

とにかくたくさんのインプットをした

こんな私でしたが、とにかくたくさんのインプットをしました。

教育雑誌だけで、毎月20誌以上を購読していたこともあります。

しかも、当時の文部省が編集していた『初等教育資料』から『ひと』『子どものしあわせ』まで。実にバラエティに富んでいます。まさに「右から左まで」ですね。とにかく、節操なく、広く浅く学んでいました。

これは教育雑誌だけに限りません。多くの本を読み、サークルやセミナーにも数多く参加していました。

もちろん、法則化の影響も強く受けました。向山洋一氏の著作など、何冊読んだかわかりません。

築地久子氏の実践にもはまりました。先に紹介したように、私は教師の指導を否定していました。できるだけ教師の出番がなくてすむような教育をめざしていたのです。築地氏の授業は、まさに子ども中心そのものに見えました。子どもたちの討論だけで授業が進んでいくのですからね。まさに私の理想だと思ったわけです。

そして、築地氏の見た目の「自由さ」だけを追試して失敗しました。

当たり前です。子どもたちは決められたシステムがあって、はじめてそのなかで動けるのです。システムも作らずに子どもたちに丸投げしてしまうような教育が成り立つはずはありません。

今、築地氏の実践を読み直すと、こんなに教師主導の、教師のコントロール度の高い授業はないのですけどね。若い私には、それがまったく見えていませんでした。

後から少し述べますが、有田和正氏の「ユーモア教育」にも強い影響を受けました。また、私の専門である国語教育で言えば、市毛勝雄氏には多くを学びました。

ディベートも大好きでした。最初に定期購読した教育雑誌は『授業づくりネットワーク』です。『授業づくりネットワーク』誌が当時、ディベートに力を入れていたからです。これが、師匠である上條晴夫氏との出会いにつながっています。

いずれにせよ、私は何かにどっぷりとはまることはありませんでした。この道一筋何十年なんてタイプではないですからね。

でも、広く浅く学んできて良かったと思っています。今どきの教室にはいろいろなタイプの子がいます。また、さまざまな雰囲気や特徴をもったクラスがあります。

「この道一筋」でやってきていたら、その方法が通じなかったときに困っていたはずです。これからの教師は幅広い指導法を学ぶ必要があるのだと思います。

目の前の子どもの事実がすべて

若い私がなぜ、これだけ多くのインプットをしていたか？ それは、子どもの笑顔を見たいから。ちょっと格好良すぎですが、それが真実だと思います。

私はサービス精神が旺盛です。サービス精神が旺盛だから教師になったと言って間違いありません。

子どもが九九が言えるようになったり、掃除を真面目にするようになったりするのが教師の喜びです。自分が成長したり楽しかったりする以上に、子どもが成長したり喜んだりすることがうれしいのが教師という人種の性ですよね。

たとえば、水泳指導です。25メートルを初めて泳ぎ切ったときの子どもの笑顔は最高です。しかし、若い私は、子どもに25メートル泳がせる指導技術をもっていませんでした。子どもの笑顔を見たいのに、見ることができない。サービス精神旺盛な私にとって、こんなにつらいことはありません。

だから、一生懸命勉強しました。水泳指導に関する本があれば、片っ端から買って読みました。そして、本から学んだことを子どもたちに試しました。その方法を使って子どもが泳げるようになれば、その指導法を取り入れました。その方法を使って子どもが泳げるようにならなければ、その指導法は使わなくなりました。

我々教師にとって、目の前の子どもの事実がすべてだからです。

こんなことをくり返して、私なりの水泳指導法を作り上げていきました。おかげで、今では水泳指導は私の特技の一つです。

毎年多くの子に初めて25メートル泳がせ、多くの子どもたちの笑顔を見ることに成功しています。

子どもが良くなれば良い方法

水泳指導に限りません。私は本やセミナーで学んだことを子どもたちにどんどん試しました。そして、「子どもたちが良くなれば良い方法、悪くなれば悪い方法」と割り切って、効果のある指導法を取り入れていきました。効果のなかった指導法を捨てていきました。

私はこうやってさまざまな指導技術を身につけてきたのです。我々現場人には、「理屈」は関係ないですからね。

私は目の前の子どもの事実だけを頼りに教師修行を続けてきました。いや、今も修行を続けています。

特に最近は、「強者」が増えていますからね。たとえば、授業にまったく参加しない「強者」がいます。この子をどうすれば授業に参加させることができるか？

私はあの手この手を使いますよ。そして、それがヒットして授業に参加すれば、その手を使い続けます。参加しなければ、その手はその子には2度と使いません。

発達障害のある子への対応もそうですね。私は頭が悪いので、障害特性にくわしくはありません。だから、発達障害のある子が良くなれば、その方法は使い続けます。悪くなるようなら、その方法は使いません。

こうやって、目の前の子どもの事実から学ぶことがいちばん大切だと思います。

［代表的実践の誕生秘話］

お笑い教師・中村健一ができるまで

漫才ブームの頃から「お笑い」にはまる

私は、お笑い教師です。黎明書房がつけてくださった私のキャッチコピーは「スーパーお笑い教師」。本の表紙には「日本一のお笑い教師」のコピーも見られます。

子どもの頃から、「お笑い」は大好きでした。１９８０年代はじめの漫才ブームではまってしまいましたね。特にツービートが大好きでした。ビートたけし氏は、私にとって神様です。「笑われる＝かっこ悪い」という図式を「笑われる＝かっこ良い」にしてしまった人ですからね。

中学校時代の私は、授業中に面白いことを言って、友だちや先生を笑わせることに生き甲斐を感じていました。

そんな私ですから、初任の頃から教室に笑いを求めました。また、先に述べたように、私はサービス精神が旺盛です。授業中の子どもたちのつまらなそうな顔には耐えられませんでした。だから、笑いをとってしまう。お笑い教師の性（さが）ですね。

有田和正氏「ユーモア教育」との出会い

教師になって1年目には、初任者研修がありました。初任者研修を担当してくださっていたベテランの女性教師といっしょに、福岡教育大学附属小倉小学校の研究発表大会に参加したことがあります。

2人で授業を見て、ぐるぐると回りました。しかし、私にはどの教室の空気も非常に重たいものに感じられたのです。もちろん、笑いもありませんでした。

「どの授業も、なんか雰囲気が暗いですね。子どもたちも笑顔じゃないし」

私がこんなことを言うと、その女性教師から、「当たり前でしょ。授業は真面目にするものです。附属の先生はすごい人ばかりなんだから、授業の技をしっかりと学びなさい」と優しくたしなめられた記憶があります。

その後、全体会で講演が行われました。そして、その講演をされた先生が、こうおっしゃったのです。

「附属小倉小の先生方の授業を見せていただきましたが、どの授業もつまらないですね。授業に笑いがない。私は『1時間に1回も笑いのない授業をした教師は逮捕する！』という法律を作ろうと思っています」

もう、おわかりですよね。この講演をされたのは、有田和正先生です。私は、この講演の後、会場の後ろで販売されていた有田氏の著書を5冊買い込みました。

　有田氏に「お墨付き」をもらった気になった私は、ますます授業にお笑いを取り入れるようになったのです。

「お笑い教師同盟（仮）」結成のラッキー

　私の師匠・上條晴夫氏が2001年4月に「お笑い教師同盟（仮）」を立ち上げました。合言葉は「教育に笑いを！　子どもに笑顔を！　お笑いから教育技術を学ぼう！」。私は初期からのメンバーです。

　上條氏が「お笑い」に力を入れはじめたのは、私にとって非常にラッキーでした。『教室がなごむお笑いのネタ&コツ101』など、上條氏のお笑い本に多く執筆させていただきました。

　また、初の教育雑誌の連載も「教室がなごむお笑いのネタ」です。『授業づくりネットワーク』誌で、2年間も続きました。

　本や雑誌に原稿を書くためには、「お笑い」の実践をしなければなりません。

　この頃の私は、「お笑い」を強く意識して実践していました。お笑い実践に没頭していたと言っていいでしょう。

　世間もまた、「お笑いブーム」に沸いていました。「爆笑オンエアバトル」「エンタの神様」「笑いの金メダル」「爆笑レッドカーペット」、そして「M-1グランプリ」。テレビでもお笑い、しかもネタ番組が多く放送されていたのです。

　そんなご時世だったから、上條氏も「お笑い」に目をつけたのだと軽く考えていました。「私も好きだけど、師匠もお好きだなあ……」そんな程度に考えていたのです。

　それでも、クラスはうまく回っていました。雑誌や本を書くために、「お笑い」をどんどんやる。教室に笑顔が増える。子どもたちの「安心感」も増す。いい循環だったのだと思います。

「お笑い」は学級崩壊予防の最高の武器

　「お笑いブーム」の頃、話題になり始めたのが「学級崩壊」です。いや、話題だけではないですね。私の勤務する学校でも、崩壊学級が多発するようになりました。学級崩壊が身近に感じられる時代になったのです。私も崩壊学級にサポートに入る機会が多くなりました。

　そんなとき、崩壊学級にサポートに入り続けている教頭が、こんなことを言ったのです。

「あのクラスも、みんなで一緒に笑える瞬間があればいいんだけど……」

　ボソッと言ったひと言です。しかし、私には非常に重い、重要な発言に聞こえました。学級崩壊の現場に入り続けている人の実感だと思ったのです。

　確かにその通り。崩壊学級に共通しているのは、笑いがないことです。クラスみんなでドッと笑う瞬間がありません。子どもたちからも教師からも笑顔が消えています。あるのは、妙な薄ら笑いだけです。

　逆に言えば、笑いのあるクラスは崩壊しないということだと思います。

　このときから私は「お笑い」を強烈な「武器」として使うようになりました。上條氏はもっと以前から「お笑い」を考えていたのですけどね。私はそれに気づきもしませんでした。

　この後、数々の学級崩壊経験クラスを担任してきました。今のところ私は「お笑い」を武器の一つにして、立て直しに成功しています。

年譜

―中村健一―

1993年（22歳）小学校教諭になる。この年、有田和正氏に出会う。有田氏の「ユーモア教育」にお墨付きをもらったような気になり、堂々と教室に「お笑い」を取り入れはじめる。

1995年（24歳）教育雑誌『授業づくりネットワーク』に初めての雑誌論文が掲載される。全国で行われるセミナーにも参加しはじめ、憧れの上條晴夫氏に出会う。

1998年（27歳）ディベートの大家・池内清氏にかわいがっていただく。池内氏のおかげで上條晴夫編著『教室スピーチ実践事例集』に初めて分担執筆。20冊以上のビジネス書を買い込んで執筆に臨んだ。

2001年（30歳）「お笑い教師同盟（仮）」に参加。この頃からさらに「お笑い」に力を入れるようになる。スカパー!!の「ヨシモトファンダンゴTV」を毎日1時間は見ることを日課としていた。

2003年（32歳）上條氏の編著『教室がなごむお笑いのネタ&コツ101』に参加。10本の予定が倍以上の22本のネタが採用された。この頃から「お笑い教師」として認知された気がする。

2004年（33歳）初の雑誌連載「教室がなごむお笑いのネタ」がスタート。最初1年間の予定だったのが、好評で2年間続いた。

2005年（34歳）「授業成立プロジェクト（JSP）」に参加。学級崩壊という問題に対して「授業成立の基礎技術の集積・研究」を目的としていた。このプロジェクトに参加したことが、その後の私の考え方に大きな影響を与えている。私はメールマガジンの編集長を担当。

2006年（35歳）親友・土作彰氏と出会う。土作氏のおかげで、多くの講座をもつようになる。学生への講座も増える。また、東京の女性新任教諭が自殺する事件が起きる。そのため、初任者教育に力を入れるようになる。

2007年（36歳）憧れの上條晴夫氏との共著『子どもが納得する個別対応・フォローの技術』が出版される。このときから「フォロー」を意識するようになる。

2008年（37歳）メールマガジン「授業成立プロジェクト」の「若手教師の悩み」に野中信行氏が回答を書いてくださるようになる。野中氏の「お答え」がどれも「普通」で意外性のないものであることに衝撃を受ける。この頃から私も「普通」の学級をつくることに全力を注ぐようになる。

2009年（38歳）初の単著『子どもも先生も思いっきり笑える73のネタ大放出！』が出版される。これが驚くほど売れた。

2011年（40歳）単著『教室に笑顔があふれる中村健一の安心感のある学級づくり』を出版。ネタ本以外では、初の単著である。「学級づくり」の大切さに目覚める。

2013年（42歳）編著『担任必携！　学級づくり作戦ノート』を出版。学級づくりのノウハウは、大学では教えてくれない。何とか現場に出る前の学生にノウハウを伝え、厳しい1年目の学校現場を生き抜いてほしいと考えて作った。現場に出る前の若手の力になることが、今の私のいちばんのモチベーションである。

●なかむら・けんいち●
1970年山口県生まれ。
山口県岩国市立平田小学校教諭。

file：012

自分を「先生」と
言えなかった20代

しっかり学び「自分」を創れ

深澤 久
Hisashi Fukasawa

［初任の頃の授業］

「子ども嫌い」からのスタート

未熟への自覚

1 休み時間は1人〃オフコース〃

学生運動に没頭し、大学を留年した私が、1980年4月、小学校5年生の担任として教壇に立つことになったのです。

教師としての自信など全くない私が最初に悩んだことは、自分のことを子どもたちの前でどう言えばいいか、でした。自分のことを「先生」とは言えないし、かと言って、「私」「俺」「僕」もしっくりしません。

結果、主語のない言い方しかできなくなりました。「先生はこう思う」ではなく、「こう思う」としか言えませんでした。

なのに子どもたちは、私を「先生！」と呼ぶのです。彼等に悪意はありませんが、私には耐えがたい「先生！」の声でした。

子どもたちと一緒にいるのがイヤになり、休み時間には、職員駐車場の車の中で1人〃オフコース〃の歌を聴いていました。「出張」が楽しみでした。子どもたちと会わなくて済むからです。

そんな私に、子どもたちは……。

朝、何人かの子が職員玄関で私の上履きを出して待っていて、私が到着すると「先生、おはようございます！」と言いながら、鞄を職員室まで持って行ってくれました。

休み時間には、職員駐車場で〃籠もる〃私の車の窓を「コンコン」とたたき、「一緒に遊ぼう」と誘ってくれるのです。

1カ月後、休み時間には私は校庭で子どもたちと遊び回り、休日には、子どもたちが家まで遊びに来ました。

「1日に1時間は子どもたちが夢中になる授業をしよう」と、夜遅くまで準備をして授業に臨みます。が、授業開始10分ほどで退屈そうな顔。何とかしようと発問を変えたりするけれど、ますます〃沈殿〃していく雰囲気。この後どうしていいかわからないので、授業打ち切り。

「もうダメだな。明日続きをします。残る30分は外で遊ぼう」――こんなことが何回も。

こうして子どもたちと触れ合う中で、無意識のうちに、〈子どもに響く言葉・響かない言葉〉を摑んでいった気がします。

2 「勉強」せねば
――研究授業に立候補

「勉強不足」を自覚していた私は躊躇なく、研究授業に立候補していきました。

（1）

県内の初任教師は20数人の「班」に割り振られ、年に何日間かの「研修」を受けます。その中に、教科と道徳で誰か1人ずつ研究授業を行い、「班」全員が参観する授業研修がありました。私は教科に立候補し、算数で研究授業を行うことに。

私の「班」は簡単ではありませんでした。

1カ月以上前に指導案を書き上げ、放課後、担当の指導主事（H先生）に届けます。次の日の放課後、再びH先生の所に行くと〝真っ赤な紙〟を渡されました。H先生がびっしり書き込んだ私の指導案でした。数日後、書き直した指導案をH先生に届け、次の日朱書きで真っ赤な指導案を受け取り……。こうした「やりとり」が数回繰り返され、研究授業当日を迎えました。「班」の初任教師や勤務校の教師たち40人程が参観する中、ほぼ指導案通りに授業は終了。

その後、授業研究会。「班」の教師たちからはおおむね好評な意見が出された後、最後にいよいよH先生からの「指導講評」。「私は、授業に対してはコメントするけれど、そうでないモノにはコメントしない。以上」——これが、H先生の言葉でした。「あんなに何回も指導案を書き直させておいて、それはないだろう」——悔しかった。

数年後、H先生に、担任する6年生の授業の様子を記した学級通信をお送りしました。しばらくして届いた手紙には、「附属小の子たちでもこれほどの学習をみせることはありません。この事実は、教師の指導いかんで子どもたちはいかようにも学習し成長することを証明しています」といった文面がつづられていました。

※後に知ったのですが、H先生は附属小学校で長年教鞭をとられ、その授業論や鋭さから「授業のH」「カミソリのH」と称されていました。おまけに一つ。私の結婚式の仲人は、H先生ご夫妻。

(2)

赴任した勤務校は、2年間の県の体力づくり研究指定校。赴任した年が研究2年目＝公開発表の年。5年生が秋の公開発表での研究授業学年に決定済み。

5年生は2学級。担任は、学年主任である50代のベテラン女性と新卒の私。秋の公開発表では、学年主任が研究授業をすることになっていました。が、夏休みに、その学年主任がご逝去。急遽、臨時採用の教師が来ましたが、以後私が学年主任格となり、公開発表の研究授業も行うことに……。

体育の指導案など書いたこともない私。夏休み明けから公開発表に向けた〝特訓〟開始。2カ月間で数回、指導案を書き・校内で授業を公開し・授業研究会を実施。

かくして、県内から多くの教師が参観していた公開発表当日は無事終了。

(3)

こうして新卒の年に、10回の研究授業。以後退職するまでの30数年間、研究授業や授業公開に対する抵抗感を全く持つことがなかったのは、この1年のおかげです。

たま～に「私は未熟で、人様に見せられるような授業はできません」と堂々と言って、研究授業から〝逃げる〟中堅・ベテラン教師がいます。——実におかしな言です。

年上の彼等に対して、私は言いました。

「全く理解できない発言です。

第一に、未熟だからこそ研究授業を行うのでしょう。未熟だからこそ授業を公開し、参観者から意見を聞いて、次の授業に活かしていく必要があるのです。

第二に、人様に見せられるような授業はできないとおっしゃいましたが、毎日授業を受け・その授業を目の当たりにしている子たちは、人間ではないのですか。立派な人間、〝人様〟ですよね」

※新卒で担任した学級には、すさまじい「いじめ」があった。その「いじめ」にどう立ち向かったか——『教師のチカラ』21号に書いたのでお読み下さい。

［指導力向上のために］

「校内研修」を活かす
学び合い、磨き合う

1 「校内研修」で学び、学校を〝動かす〟

（1）

教師4年目の1983年、山村（「高齢化率全国1位」の南牧（なんもく）村）の磐戸小学校に転任。

この学校では校長の方針で、「道徳の時間」の授業（つまり「道徳授業」）が校内研修の対象となっていました。

昭和32年に多くの反対を押し切って教育現場に導入されたのが「特設道徳」であり、その授業を行うことは戦前の修身科復活をもくろむ勢力に対する敗北であるばかりか、彼等に手を貸すことに他ならない――こう考えていた私は、新卒から3年間、週1回の「道徳の時間」はほとんど、校庭で子どもたちと遊んでいたのです。

なのに、「道徳授業」が校内研修とは。どうすればいいのか？――今から思うと、ここが、大きな分岐点でした。

私には2つの選択肢――「道徳授業」に正対し本気で〝勉強〟するか、それとも適当に〝やり過ごす〟か――がありました。

前者の道を選んだ私は、「道徳」関係の書物を買いあさりました。南牧村に書店はないので、隣の下仁田町や、遠く高崎や前橋の書店を巡り、この年買い込んだ「道徳」関係の書物は、20冊余。

ほぼ全てが、フィクション（＝作り話）の読み物資料を使ったいわゆる「基本形」の授業。しかも、指導案（長い「主題設定の理由」＋「主発問」程度の「本時の展開」だけ）とごくわずかな〝授業場面〟しか書かれていない本ばかり。

「つまんない〝授業〟だなぁ」と思いながらそれらを読み込みながら、「道徳授業」の構想を練りました。そして、初めての「道徳」研究授業。（この辺りの事は『命の授業』に書いたけれど、残念ながら既に絶版。）

「道徳授業」と正対したこの2年間がなければ、〝その後の私〟はなかったなぁ。

（2）

磐戸小での3年目＝教師6年目。校長が替わり校内研修は「学級会・話し合い活動」に変わりました。研修主任は私。

過去2年間は、校内研修に関わる研究授業を1回するだけでした。

「学級会・話し合い活動」を研究授業として公開し・協議するだけでは不十分。教科の授業を抜きに学校教育は成立しない――私のこの提案は通り、全担任（単学級なので6人）が「学級会・話し合い活動」と「教科」の2つの研究授業をすることになりました。29歳の新米研修主任が、研修システムを変えたのです。

(3)

退職まで10数回＝教師生活の3分の1は研修主任だったことになります。

高崎市立倉賀野小学校は、1992～93年の2年間、高崎市初の「環境教育」研究校に指定されました。その1年目が終了しようとする1992年度の3学期のある日、突然と研修主任の私は校長室に呼ばれました。そこには、市教委の幹部3人が。

「来年度から2年間（1993～94年）、文部省指定「奉仕等体験学習」研究推進校を高崎市で受けることになった。しかし、どの学校も引き受けてくれない。最後の最後、環境教育の指定を受けてくれているのは承知の上で、倉賀野小にお願いに来た。ぜひともやってくれないか」

1993年度で倉賀野小を去る校長先生は、94年度まで続く研究指定を受けるかどうかを、研修主任の私に〝委ねた〟のです。

かくして、1992～93年高崎市指定「環境教育」研究校・1993～94年文部省指定「奉仕等体験学習」研究推進校の研修主任として、児童数千人近い30学級の大規模校を〝動かして〟いきました。

「自分」の実践を創出することは、実践者としての〝最低条件〟です。

が、1人でコソコソと自己満足的にやっているようでは、ダメ。

「校内研修」を〝自己研修〟化して、貪欲に学ぶ場にすることです。

「全国の縮図」たる学校には、様々な「考え」の教師がいます。その中で「校内研修」を組み立てていく。難しいことは多々あるけれど、子ども相手の授業とは別の面で〝鍛え〟られるのです。

2 人と出会い、サークルを作る

教師になって3年目、群馬大学附属小から1人の教師（Mさん）が赴任し、前年度私が担任した3年生の担任に。

同じ歳ということもあり、Mさんと教育について語り合うようになりました。しばらくしてMさんが、1冊の本を紹介してくれました。『斎藤喜博を追って』（向山洋一著）でした。

レポートを持ち寄って〝斬り合おう〟と、2人でサークル「犀の会」を結成。

その1年後、「教育技術の法則化運動」（以下「法則化」と記す）が立ち上げられました。

1985年10月、南牧の教員住宅で、県内初の教師による法則化サークルである群馬法則化サークル「からっ風」を3人で結成（現在、私以外の2人は校長です）。

毎月1回の定例会でレポート検討を行いながら、県内の他の法則化サークルとの交流・緩やかな連携を追求しました。

1986年夏、「群馬法則化合同合宿（群法合宿）」を企画。南牧村の民宿に県内の法則化サークルメンバー20数人が集い、1泊2日で学び、交流しました。

翌年夏には、藤岡市の民宿を借り切り、2泊3日の「第2回群法合宿」を企画しました。法則化サークルに入っていない教師も多数参加し、総勢65人で熱く学び合いました。

こうして「からっ風」は、群馬法則化のセンター的存在となっていったのです。メンバーも20名程に増え、1回の定例会で出されるレポートが段ボール1箱分になることも。

〔代表的実践の誕生秘話〕

全ては1人から始まる

志を持ち、行動し、実現する

1　道徳授業を改革する
——まず一つの授業

私が左の表と〝出合った〟のは、教師7年目の1986年の秋。

当時私は、養護学校中学部で重度重複の障害を抱える生徒たちの担任。読むことも話すこともできない子に対して、指示・発問を使ういわゆる〝授業〟はできません。

人体の成分表（60kgとすると）	
水	40ℓ
炭素	20kg
アンモニア	4ℓ
石灰	1.5kg
リン	800g
塩分	250g
硝石	100g
イオウ	80g
マグネシウム	50g
フッ素	7.5g
鉄	5g
ケイ素	3g
マンガン	3g
アルミニウム	1g
その他少量の13の元素	
計	3,000円

『仕事が嫌になったとき読む本』（笠巻勝利著、PHP研究所）p.215

それでも、サークル「からっ風」の定例会には様々なレポートを作成し、持って行きました。——9月13日の定例会に提出したレポートに、私は書いています。

◆　◆　◆

（人体成分表・上表）は、小学校の道徳・学級指導・性教育で使えるものだと思う。例えば、次のような導入である。

（発）みんなのお父さんやお母さんを買うとしたら、いくらで買えますか？

（この前に豚肉100gの実物を見せ、いくらであるかを知らせるのもよい）

○人体成分表を示す——3000円くらいであることを示す。

（指）または（発）　3000円で文句のある人は、理由をノートに書きなさい。

●はっきりしない理由をつぶしていく。

（教師が、つっかかっていく）

これを「人間の命の尊さ」なり「人間らしさ」なり「高度に組織化された人間の生体」なりに結んでいくのである。かなり面白そうな授業ができそうである。（以下略）

◆　◆　◆

それから1年後、小学校6年生担任になっていた私は、「計画訪問」で道徳授業を行いました。

「計画訪問」では、全ての担任・専科の教師が「学習指導案」（以下「指導案」と記す）を作成します。そして全員の「指導案」を冊子にして、1週間前には市教委に届けます。つまり、授業日より10日程前に「指導案」を〝完成〟させるのです。

左が、私の書いた「指導案」の実物です。1年前のレポートに記した〝構想〟を、「指

［指導案］

後に「命の授業」と呼ばれることになる道徳授業の「指導案」実物。

今なお、面白い指導案だ。まずは「項立て」。最初に「道徳授業についての私見」。さらに「指導計画」。4時間の単元「生命」を組んでいる。

道徳学習指導案

昭和62年9月22日（火）第4校時
第6学年5組　指導者　深澤　久

1．道徳授業についての私見

今までの道徳授業について私は不満を感じている。その不満は、粗く以下の3点に整理される。

> ①「フィクション（創作）の世界」を現実の生活にひきずりこもうとする強引さとむなしさ
> ②多様であるべき個人の感性を、1つの「価値項目」にあてはめようとする非人間性・野蛮さ
> ③こうしたことから必然的に生まれる、児童の「たてまえ論」の白々しさ

少なくとも、この3点を克服した道徳授業を創り出していかなければならない。

昭和33年に道徳の時間が明確にされてから既に30年たつ。この間の道徳の時間がいかに無力であったかは、「いじめ」現象1つとってみても明らかである。

児童が本気で道徳性について頭を使う場として、道徳授業を構築する必要がある。その第一歩が、前述の3点にあてはまる授業を拒否していくことである。極論すれば、「意識化──客観化──自覚化」とか「価値の追究」とかいった言葉だけのきれいごとで、道徳授業を構想しないことである。

私の主張は、次の1点である。

> 児童を本気にさせる事実を提示せよ

「事実」が、ある価値についての児童の思考を活性化させる資料となる──そんな「事実」を授業の中で提示すべきである。教材研究の8割5分は、資料選定で行われる。

2．主題「生命」

3、主題設定の理由

(1)主題のもつ価値

道徳の根本は、生きているという事実である。生きることを抜きにして道徳は語れない。生きていくために道徳を学ぶのである。

自ら命を断つ児童が増えている。その要因は様々である。が、自分の将来の夢を持っていない点で共通している。人間の生命力のしぶとさを自覚していない点で共通している。

生命の重さと生命をおびやかす事実を示し、生命について考える場を児童に提供することは、価値あることであると考える。

(2)児童観

4月当初、本学級には、特定の児童に対する差別行為が存在していた。学級指導と共に、道徳授業でも、「いじめ」について取り上げてきた。その結果、差別行為は見られなくなった。

9月上旬のアンケートによると、本学級のいい点として、「男女の仲が良い」「いじめがない」が第1位にあげられた。しかし一方で、「まだいじめがあるかもしれない」と答えた児童も多い。

また、人の死に直面した体験をもつ児童が少ないこともあり、「死」と「生」を対比して考えたことがないようである。

生きている者が「生」の価値をとらえることは、なかなかむずかしい。

「いじめ」と「生命」とを関連づけて、「生きる」点から「いじめ」を考えさせることが必要である。

3、目標

生命の重さを自覚し、生命をおびやかす行為を許さない心構えを育てる。

4、指導計画　（全4時間予定）

第1時　「いじめ」を考える　……4月
第2時　「生命」を考える①　……本時
第3時　「生命」を考える②　……12月
第4時　「生命」を考える③　……3月

5、指導方針

- 事実を表す資料を示すことで、現実の問題であることを意識させる。
- 資料は、価値が明確になっているものを選ぶ。
- 傍観者として考えさせるのではなく、自分ならどうするか、を意識させる。その際、他人の行動の批判的検討を、適宜取り入れる。
- 理屈で考えさせる場面だけでなく、感性でとらえる場面を設定する。
- 自分の考えをまとめる時間をとると共に、発言を堂々とするように助言を必要に応じて行う。また書く作業も取り入れる。

6、本時の学習

(1) 目標　ある「いじめ」の事実を批判しながら、生命の重さを感じとる。

(2) 準備

- 人体成分表の表（掲示用）（宮坂勝利『仕事が嫌になったとき読む本』PHP・P.215）
- 新聞記事2枚×39（昭和60年のもの）

(3)展開

主発問・指示　等	指導上の留意点	時間	評価の観点
(発)1　自分にとって大切な人は誰か。 (発)2．その人は、お金にするといくらか。 ・人体成分表を示す。 (説)この表の金額が最も科学的です。文句のある人はいますか。	・「大切な人」がわからない場合は、助言。 ・ふざけさせず、本気で考えさせる。 ・自由に発言させる。 ・「金では買えない」とか、「命はもっと大切だ」などという意見が出ない場合は、"挑発"する。	10分	・「文句」が出るか。
○新聞①（いじめの記事）を配布し、一読する。 (指)1　感想を言いなさい。 (指)2　校長談話について、自分の考えを書きなさい。 (発)3　では、いじめをなくすには、どうすればよいか。教師になったつもりで書きなさい。	・感想は、自由に言わせる。 ・「いじめの場合は、被害者が口を閉ざして……，ある程度はやむを得ない面もある」の校長談話に、焦点化する。 ・全ての考えを発表させた後、ダメだと思う方法を指摘させる。	20分	・「談話」に対する考え ・出来ない方法を考えたか
○新聞②（日航機墜落の記事）を配布し、読む。 (発)4　今日の授業のテーマは何でしょうか。 ○一言言う。	・ゆっくり、児童の反応を見ながら読む。 ・必要があれば、感想もきく。 ・時間があれば、授業の感想文を書かせたい。	15分	・「生命」がテーマとして出てくるか

7、評価

①児童の道徳性の高まりについては、授業感想文及び、今後の観察による。
②指導方法・指導計画については、授業分析による。

導案」に取り入れたのです（「今」は授業できなくても、〝構想〟することは大事なのですよ）。

さて、当日。参観者は、「道徳」担当指導主事と、道徳主任として道徳授業を行った1年学年主任の2人。午後、3人で「道徳」分科会。私は指導主事に尋ねました。

「今日の授業は、『道徳』と言えますか?」

明確な〝回答〟はありませんでした。一方、道徳主任には強烈なインパクトを与えたようです（この教師が、現在の私の妻です）。――この授業の映像や音声は存在しません。録画・録音していなかったからです。授業の様子を伝える唯一のモノは、私が書いたB4サイズ8枚分の学級通信。この学級通信が〝時代を変える〟とは……。

2　道徳授業を改革する　――志を胸に

それは、突然でした。

1988年7月、月刊誌『小学校学級経営』（明治図書）から10月号の原稿依頼がきたのです。「子どもが夢中になる道徳指導の要件」こんなテーマで2ページ。

私は、「計画訪問」の授業の最初の15分の様子だけを示し、「この後の様子を知りたい方には学級通信を送るので連絡下さい」と書きました。

発刊される前から、私は「からっ風」メンバーに公言していました。

「もし50人以上から連絡があったら、『道徳授業』に焦点を当てた全国組織を立ち上げる」――そして9月。発刊。

わずか2ページの文章。しかも、多くの教師が敬遠している「道徳」。さらに、無名に近い私の執筆。――どうなるか……。

1カ月ほどの間に、北は北海道から南は沖縄まで、100人を越える方々から、返信用封筒を同封したお便りが届いたのです。

「多くの教師は、いわゆる『基本形』の授業に満足していない。もっと子どもたちが本気になる道徳授業が必要だ」と確信。

12月3日、群馬県高崎市の某公民館で、「からっ風」メンバー8人で立ち上げました。

> 教育技術の法則化運動
> 全国ネットワーク「道徳授業記録」
> （略称(道)・マルドウ）

当時、「法則化」の冠を付けた〝全国ネット〟は数多く。あれから四半世紀。

「法則化」の冠を付けて意気揚々としていた〝全国ネット〟は、今どうなっているのかなぁ。

一時期の高揚感・気分で〝立ち上げ〟るのは、誰でも簡単にできます。一時期・一瞬だけ〝燃えたい・目立ちたい〟人もいるのでしょう。しかし多くは、いつの間にか〝消滅〟します。これはこれでいい。〝存在意義〟がなかっただけのこと。

(道)は、違いました。

> 子どものタメになり、子どもがホンキになる道徳授業を創出し、他者がマネできる形で広めていく

ことを通して、我が国の道徳授業と道徳授業研究システムを変えていく――この志（＝野心）を持って〝立ち上げ〟たのです。

多くの教師・研究者が、(道)の輪に集ってきました。自分たちが「新しい道徳授業の世界」を創っていくんだ、という情熱を胸に秘めて……。一方で私は、また、未熟な「法則化」仲間だけで自己満足的に〝学び〟合うのではなく、「その道の第一人者」か

ら学ぶことを重視しました。文部省教科調査官・社会教育団体・研究者の方々を講師として招聘し、交流していきました。「○○型の道徳授業」といった「手法」での一致ではなく、「タメになりホンキになる道徳授業」という「志」での一致を追求する――これが(道)の運動論であり、組織の〝哲学〟でした。

　1990年1月、「計画訪問」で行った道徳授業を取り上げた『命の授業』が出版されました。

　(道)の認知度が上がり、それと共に「実際の授業を見なければ分からない。(道)の授業を見せてみろ」という〝空気〟が……。

第5回教育技術学会（大分）での「道徳・立ち合い授業」。200人余りの参観者の中には、向山洋一氏、江部満氏や鈴木健二氏も。

　1991年12月1日、大分で開催された第5回教育技術学会。「生命尊重」のテーマで、3人が附属小の子を相手に「道徳・立ち合い授業」。私は、従来の道徳授業との「違い」がハッキリ分かるように、読み物資料を使用せず・〝気持ちを問う〟ことをしない授業をしました。

> 口先だけの美辞麗句ではなく「事実」で示す

　実践者ならではの「美意識」です。

と言うより、「美意識」を自らの行動として具現化できるのが、実践者なのです。

3　若き教師たちへ

　実は、この「別冊」企画を編集部から聞いた時、私は反対しました。

「〝年老いた〟者が、自慢そうに過去を懐かしんでも何の役にも立たない。もっと、未来志向の企画が必要だ」と。そうならないように書いてきたつもりですが……。

　2015年1月16日、退職後初めて、子どもたちの前に立ちました。2年10カ月ぶりに〝授業〟をしたのです。

授業をするのは面白い！――実感です。

現職の時もそうでしたが、授業をしている時、私が一番〝見ている〟ことがあります。

それは、子どもたちの「表情」です。

「表情」は嘘をつきません。

「表情」に全てが現れます。

やる気になっている時は、楽しそうな生き生きとした「表情」になります。

やる気がないのに無理矢理やらされている時は、つまらなそうな暗い「表情」になります。

子どもたちの「表情」がどうなるかは、教師の力にかかっています。

授業ができるのは、教師だけです。

授業は教師の特権なのです。

目指すべきは、〝外見の見栄え〟ではありません。

子どもたちの生き生きとした「表情」あふれる授業――これを目指すべし！

年譜

深澤　久

1980年（24歳）4月、新卒で群馬県安中市立東横野小学校に赴任。5年生担任。

1983年（27歳）甘楽郡南牧村立磐戸小学校へ。元同僚と2人で、教育サークル「犀（さい）の会」結成。

1985年（29歳）10月、3人で、教育技術の法則化サークル「からっ風」結成。

1986年（30歳）4月、高崎市立養護学校へ。
8月、第1回「群馬法則化合同合宿（群法（ぐんぽう）合宿）」を企画・実施。南牧村の民宿で参加者22名。

1987年（31歳）4月、高崎市立倉賀野小学校へ。
8月、第2回「群法合宿」。藤岡市の民宿で参加者66名。
9月、指導主事計画訪問で担任する6年生に、後に「命の授業」とよばれる道徳授業を行う。

1988年（32歳）5月、「向山洋一講演会in群馬」を実行委員長として実施。群馬会館に600名。7月、結婚。
（33歳）12月、教育技術の法則化運動全国ネット「道徳授業記録」（略称(道)マルドウ）を8人で結成。

1989年 1月『法則化ブックレット5・イベントづくりの方法』、4月『同6・続イベントづくりの方法』（共に、向山洋一・深澤久編）が発刊。

1990年（34歳）1月、道徳授業改革双書1『命の授業』発刊。
※以後、道徳授業改革双書全22巻を企画。
8月「第1回(道)全国合宿」を企画・実施。
※以後25年間途切れることなく、毎年夏に実施。

1991年（36歳）12月、第5回日本教育技術学会・大分大会で「道徳・立ち会い授業」。

1992年（37歳）5月、第1回「自立合宿in山形」を企画・実施。
11月、第2回「自立合宿in函館」

1993年 2月、第3回「自立合宿in千葉」。

1995年（39歳）5月、季刊誌『道徳授業を楽しく』（明治図書、編集長・深澤）創刊。

1996年（40歳）春、サークル「0（ぜろ）の会」結成。
（41歳）11月、日本教育技術学会・鹿児島大会。テーマ「いじめ」で野口芳宏氏・石黒修氏・深澤の3人で「道徳・立ち会い授業」。

2001年（45歳）21世紀と同時に(道)を解散し、「道徳教育改革集団」結成。

2004年（48歳）4月、『道徳授業原論』発刊。秋、教育サークル「深澤道場」結成。

2005年（49歳）8月、「第1回教育再興フォーラムin高崎」を企画。参加者250名。

2008年（52歳）4月、シリーズ『教師のチカラ』発刊。企画責任者。現在12巻。
（53歳）12月、(道)〜「道徳教育改革集団」と、20年間務めてきた代表を降りる。

2009年 5月、『鍛え・育てる——教師よ！「哲学」を持て』発刊。

2012年（56歳）3月末、退職。

●ふかさわ・ひさし●
1955年群馬県生まれ。
前・群馬県公立小学校教師。

file：013

成長したいという思いでいっぱいだった20代

基礎となる力を子どもたちに

深沢英雄
Hideo Fukazawa

［初任の頃の授業］

教師開眼の恩人との出会い

中学校数学教師

大学を出て、中学校の教師の試験を受けました。教育学部を出ていない私にとって、採用試験がどんなものかもわからないままの受験でした。結果は不採用でした。後日、教育委員会から電話がかかってきて、数学の非常勤講師としての口があるが、どうかということでした。不安もありましたが、勤務することに決めました。

中学1年生の4クラスを担当することになりました。

最初の仕事は、1年生の小学校の計算力調査でした。小学校1年生の2＋3や、2年生の5×6など、学年10問ずつ、計60問の計算の問題を中学1年生にさせました。教育について何も知らないので、「なぜ中学生に小学校の計算をさせるんだろう。小学校の計算はどの子もできるはずではないのか」という思いがありました。しかし、丸つけをしていて愕然（がくぜん）としました。3、4年生の計算からかなりできていません。九九が全滅の子もいました。「えーっ。小学校の計算がこんなにできないのか」と自分の認識の甘さを突きつけられました。

その時期に岸本裕史先生の書かれた文に出会いました。落ちこぼれが生まれるような教科書になっているということを知りました。

赤い紙袋

4月の終わり頃のある放課後に、Tさんという子がたずねてきました。「先生、ちょっといいですか」と消えそうな声で言いました。目立たない、おとなしい子でした。計算力テストでは、3年生の問題から間違いが多く、4・5・6年の問題はほとんどできていない子です。

「小学校の4年生の担任の先生が、この問題集をくれたんです。4年生の1年間だけ教えてくれて、次の年に転勤してしまったんです。その男の先生が、5年生になったら、この問題集を解いて、担任の先生に教えてもらうんだよ。この問題集を仕上げると、計算ができるようになるからねと言われて、私にプレゼントしてくれたんです」と赤い紙袋から問題集を3冊出したのです。

「でも、5年生の先生にも、6年生の先生にも、問題集を見せることができなくて、中学生になってしまいました」。表紙に『わかるさんすう』と書いてあります。3年生・

4年生・5年生用の3冊です。問題集をくれた先生は私と同じ非常勤の先生のようでした。

『わかるさんすう』は数教協*という民間の算数のサークルが発行している問題集でした。遠山啓先生を中心として、どの子にも算数がわかるようにと、タイルという教具などを使って、計算のやり方などを研究している団体でした。私は、名前だけは知っていましたが、『わかるさんすう』を見るのは初めてでした。

「中学生になって、計算ができるようになりたいので、問題集を持ってきました。先生、教えてくれますか」

「もちろん。先生でよければ教えるよ」と言うと、Tさんはほっとした表情を見せました。でも顔はうつむきかげんです。

「先生、一つお願いがあります。家で問題集をして、朝に先生に持ってきます。放課後必ず、職員室に取りにくるので、数学の授業のときに教室で渡さないでください」とつぶやきました。

「わかったよ。袋に入れて渡すからね」と答えると、ようやく顔をあげました。

「よろしくお願いします」と言って、帰っていきました。

放課後の勉強会

Tさんは、毎日朝に問題集の入った袋を職員室に持ってきました。

放課後までに丸をつけて、放課後にやってきたTさんに間違ったところの説明をして、間違い直しをすることが日課となりました。1日も休むことは、ありません。遠足の日も持ってきました。字はきれいではありませんでしたが、一生懸命に問題をやってきたことは伝わってきました。

3月になりました。1年間の非常勤講師の勤務があと2週間で終わろうとしていた時期です。この1年間で私は、子どもたちにどんな数学の力をつけてやることができたのだろうと考えました。「そうだ！ 4月にやった、計算力調査をもう一度やってみよう」。どれだけの力の伸びがあったか知りたかったのです。

結果を見て、ショックでした。ほとんどの子が、点数が4月と同じなのです。九九ができていない子は、できないままでした。

いちばん気になったのがTさんの点数です。1年、2年、3年の問題の間違いはゼロでした。4年、5年、6年の問題もぐんとミスが減っていました。

Tさんのがんばりはすごいものがありました。

「よくがんばったね。Tさんの努力の成果が出たよ。おめでとう」と声をかけました。少しうつむきかげんでしたが、うれしそうな笑顔を見せてくれました。

「先生ありがとうございました」と言ってくれました。

私はTさんから、教えられました。コツコツと継続して努力することの大切さを。続けることで力が伸びることを。

それから三十数年、読み書き計算の実践を中心に教師としての人生を送ってきました。

私の教師開眼の恩人。それは、Tさんです。

*数学教育協議会の略称。

「やり方」（技術）と「あり方」（考え方）の統一をめざして

［指導力向上のために］

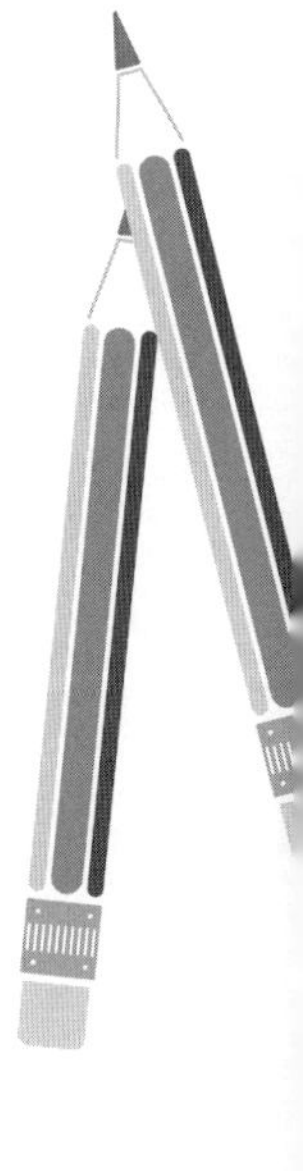

研究会のはしご

2年目に小学校に転勤しました。3年生を受け持ちました。農学部出身の私は、教育のことをよく知らず、教師生活のスタートは劣等感と成長したいという渇望感でいっぱいでした。毎週のように、いろいろなサークルに行きまくりました。日本作文の会、仮説実験授業[**]、科教協、数教協、歴教協、全生研、文芸研、法則化、そしてその頃、岸本裕史先生を中心に「学力の基礎をきたえ落ちこぼれをなくす研究会」[***]（落ち研）が立ち上がり、私もいっしょに参加させてもらいました。

民間の研究会が元気な時期でした。それぞれの研究会が雑誌を発行していました。給料のかなりの部分を雑誌や教育書の購入費用、研究会への参加費用に使いました。夏休みには、リュックを背負って、2週間ほど、研究団体の夏の研究会のはしごもしました。

この発問の意図は、何？

2校目は、神戸の中心街にある学校でした。その学校は国語の研修が中心でした。週1回の研修は、文学の授業研究でした。全員が国語の授業をします。教材分析から発問、指示、板書研修が行われました。1つの発問をめぐって、1時間ぐらい話し合いが続くことがありました。途中から先輩方の話し合っていることについていけなくなることが何度もありました。

「なぜ、深沢さんはこの発問にしたんだ。どういう意図なんだ。授業を通して、子どもをどう育てようとしているのか」など厳しく、温かく指導されました。同僚の女の先生などは答えられなくて、涙ぐむこともありました。今ではそこまでの研修は影をひそめました。でも私の20代の頃はどの学校でも研究会でも、よくある光景でした。

先輩が学んでいる研究団体「垂水（たるみ）文学の会」にも参加し、国語の授業について学習もしました。

さまよう自分 ―「やり方」でなく「あり方」―

たくさんの、民間教育研究団体に参加したり、力のある職場の先輩に教えてもらったりしていたのですが、満足がいきませんでした。教えてもらった「やり方」（ワザ・ネタ）を教室で使っても、うまくいくときもあれば、うまくいかないときもあります。

その「やり方」はすばらしいやり方なのに、どうもすっきりしないのです。

20代の私は、涸渇感があったので、土曜日・日曜日になればいろいろな研究会、講演会に行き続けていました。

あるとき、参加していた落ち研の事務局長をされている先生に声をかけられました。私より10歳年上の先生でした。

「深沢君は、いろんな研究会に行って、学んで勉強していることはすばらしい。でも、あれもこれもやって、自分の教育実践でいちばんの軸になっているものは何や?」とたずねられました。

そのときに答えに窮しました。

「すごい、すてきな実践は、切り花ではないか。とてもきれいだけれど、自分の教室という畑に植えると、少しの間はきれいに咲いてくれるが、根がないから、枯れてしまう。枯れてしまうから、また、次のネタを求めに行く。自分は土作りをしてこなかったのではないか。教師・学級という土を作ってなかった。元肥を入れ耕す。そして、種をまいて、水や肥料や日光をやって、はじめて子どもというものが生きていくんじゃないか」と思いました。

樹木には幹があって、枝が分かれているように、私は落ち研の実践(読み書き計算の理解と習熟)を幹という軸にしよう。そして、いろいろな研究会から学ぶことは続けよう。学んだのは枝に接ぎ木することになるんだと位置づけました。そのことで、自分の幹を太らせるとともに、接ぎ木した枝からも豊かな花が咲いたりするのではないかと、とらえることにしました。教師の意識や実践の「あり方」が定まりました。

ノートをとる。テープ起こしをする

落ち研を軸と定めた私は、落ち研の毎月1回のサークルの例会に参加をはじめました。そこで岸本先生からノートを見せてもらいました。先生が読んだ本で気になったところや思索をルーズリーフのノートに書いて、ファイルにとじ込まれていました。「僕が、本を書けるのは、このノート勉強を10年続けたからだよ。今もやっているけれど、20代から30代にかけて毎日書き続けたことが財産になっている」と教えてもらいました。次の日に、文房具店に行って、ノートとファイルを購入しました。岸本先生ほどの量はできませんでしたが、ノートにまとめる勉強をこつこつ始めました。読んだ本やサークルや講座で学んだことを書き記しました。

2番目にしたことは、岸本先生が最初に出された3部作を視写することです。文章修行には最適だと教えてもらいました。岸本先生は若い頃、志賀直哉の文章を視写されたそうです。私は、岸本先生の本を大学ノートに写していきました。

3番目にしたことは、自分の授業や研究会の講師などの講演・講座のテープ起こしです。テープ起こしをしていると自分のしゃべる言葉のくせや無駄な言葉が多いことに気がつきました。優れた先生の講座には、話の構成・豊かさと人を惹きつける笑いも含む話術の巧みさがありました。話の奥にある考え方を何度も聞くことで知ることができました。

反省し、またテープにとって、改善することを続ける日々が20代の修行でした。

**仮説実験授業研究会、科学教育研究協議会、数学教育協議会、歴史教育者協議会、全国生活指導研究協議会、文芸教育研究協議会、教育技術法則化運動の略称。

***現、学力の基礎をきたえどの子も伸ばす研究会(学力研)

[ノート]

20代の頃、音読の発展として、朗読の技術を学びたいと演劇の鑑賞会に入っていました。そこで演じられる役者さんに、朗読講座を開いてもらう会のメンバーとして企画運営をしていました。そのときの講座のノートです。

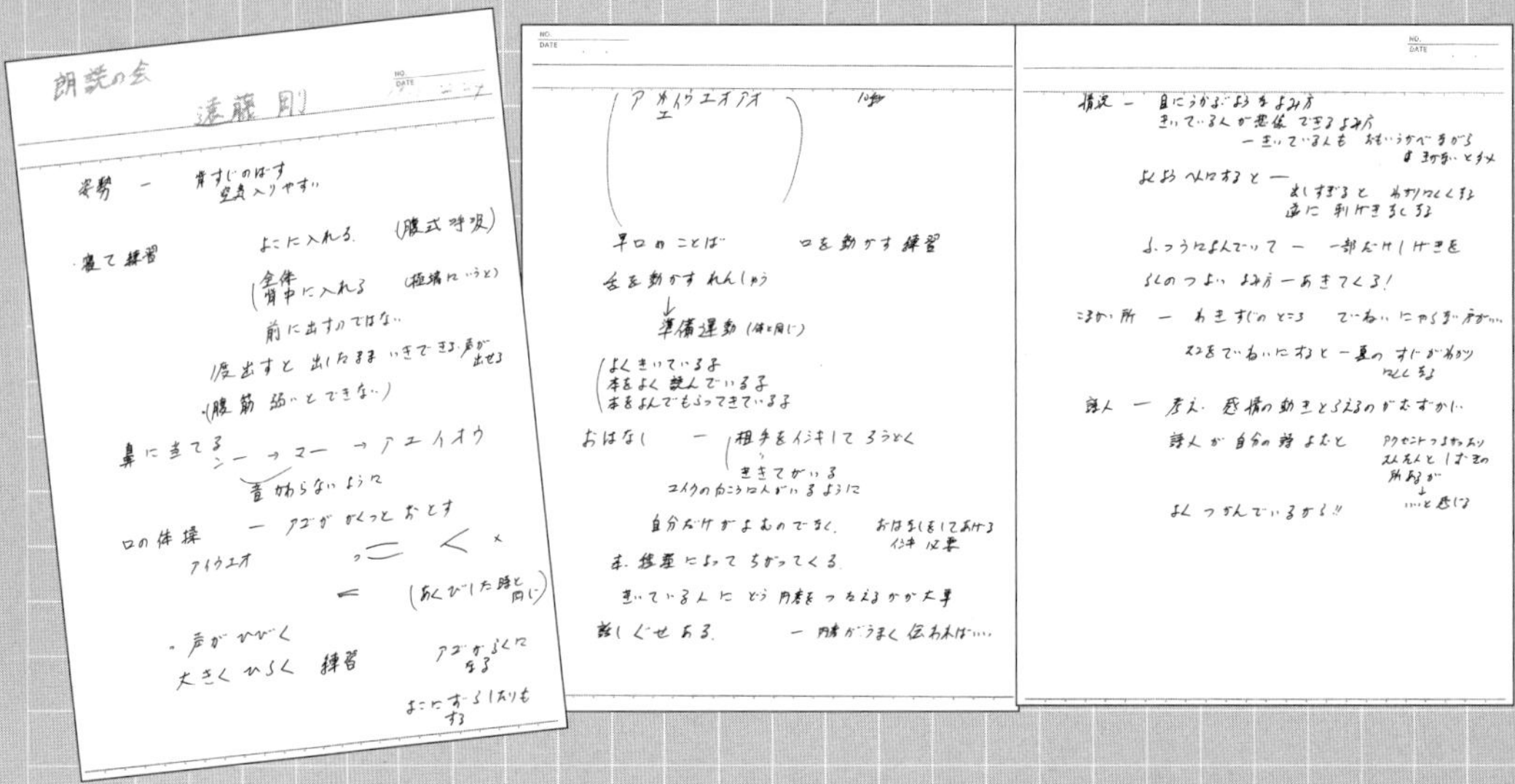

[司会術]

落ち研（学力研の前身）の若いメンバーで「たんたん」という青年部を作り、合宿や勉強会をしていました。そのときのレジュメです。20代に学んだ「司会術」について30代前半のとき、その合宿で話をしたものです。メモ書きは参加者の一人が書き込んだものです。

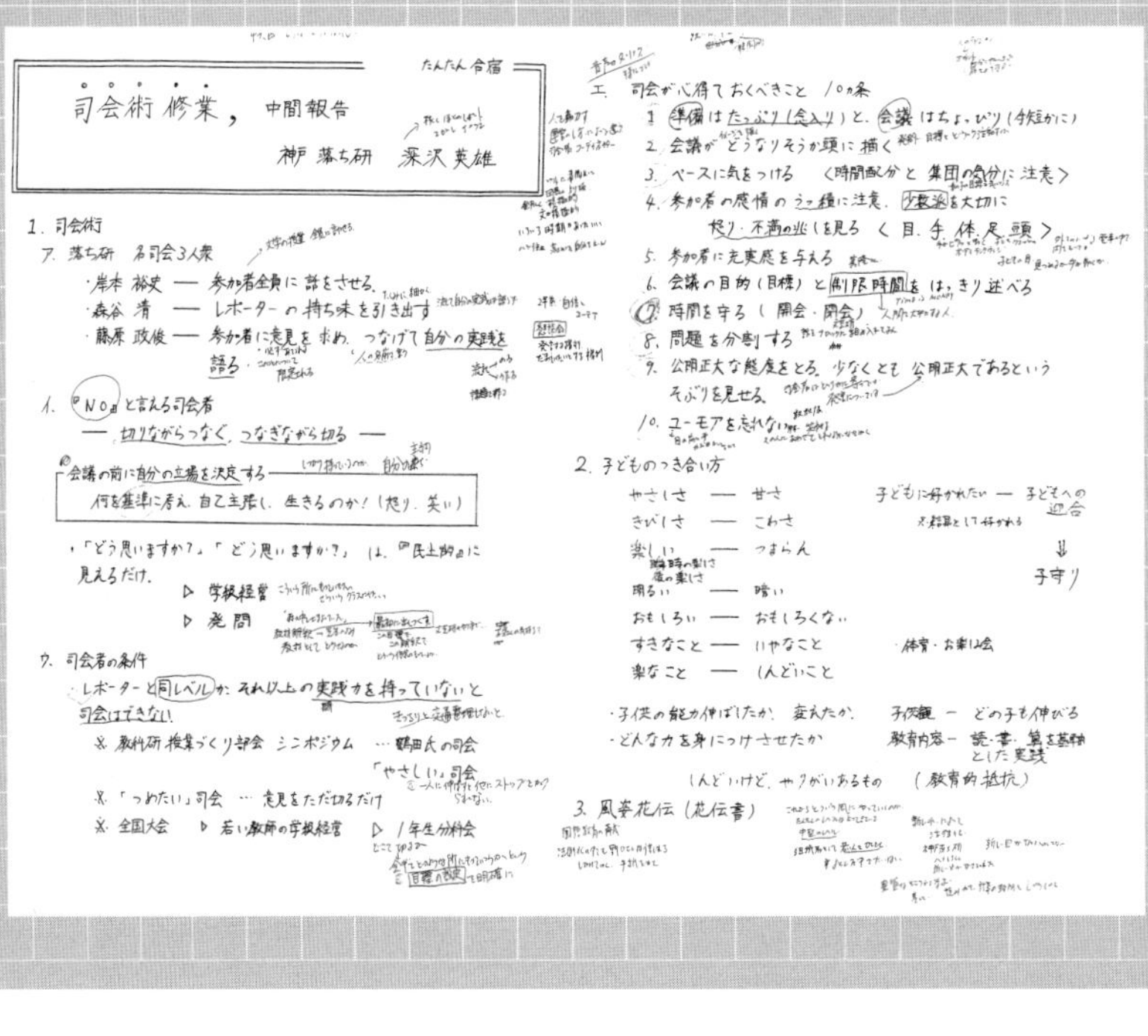

30枚のぼくのわたしの卒業論文

［代表的実践の誕生秘話］

北条政子の一生

私のバイブル的な書は『どの子も伸びる―教師と親でつくる教育―』（岸本裕史）です。この本は何度も読みました。大学ノートに全文視写もしました。毎日1～2ページずつ書いていきました。自分でこれと思った本を写してください。とてもいい勉強になりました。

　この本のなかに「魅力ある授業　子どもの納得する評定を」という項があり、6年生の研究レポートが載っていました。「北条政子の一生」6年三村祐子さんの作文です。原稿用紙でいうと50枚ぐらいありました。小学生でここまで書けるのかと驚きました。憧れとともに自分もこんな実践をやってみたいという夢が生まれました。

はじめての6年生

教師になって、5年目で6年生を担任することになりました。

　かねてから考えてきた実践を実行に移しました。他の研究団体でも、子どもたちに調べ学習をさせて、作文にまとめる実践は行われていました。ある研究団体で、「卒業論文」の実践というのを読みました。「これだ。卒業論文（歴史研究論文）という名前でやってみよう」と思いました。

　「北条政子の一生」6年三村祐子さんの作文というモデルはありますが、それに到達する道筋がわかりません。この本の読者の方も同じ思いをされたことがあると思います。「あの先輩、あの講師の授業はすごい。では、どうやれば、子どもがあんなにすばらしい発言や作文を書くんだろう。あの先生の技はマジックだ」などと思います。入り口と出口はわかりますが、間が「ブラックボックス」なのです。マジックには必ずしかけがあります。わからないから、びっくりしてしまうのです。それに至るには、血みどろの努力や工夫があるのです。

「岸本先生。今度、6年生で先生がされた歴史の論文を追試してみようと思います。どうやってされたんですか」と聞いてみました。「あの本に書いている通りや。自分なりに工夫してやってみなさい」と具体的なことは教えてくれませんでした。私のやる気と力を試そうと思われたのかもしれません。

　大学を出て、まだ年数がたっていなかったので、大学の卒業論文の書き方を思い出しました。子ども向けの作文の書き方の本や、大学で読んだ論文の書き方の本などを読み直して、自分なりに計画をたてていきました。

歴史論文を書こう

11月末。

「きのうで、歴史の学習は終わりました。その総まとめとして、歴史論文を書いてもらいます。歴史についてならどんなことでもいいです。社会の学習をして、どんな人物に興味があった？」と投げかけると、子どもたちからは「卑弥呼」「織田信長」などさまざまな名があがります。三村さんと岸本学級のなかで時間のかかった石原君の論文を印刷したものを配りました。「すごい。原稿用紙にすると何枚ぐらいあるかな」と口々に言っています。

「こういう論文をみんなも書きます。目標は原稿用紙最低30枚です」。子どもたちは「わーっ」と声をあげました。「いやや。無理や」とつぶやいています。たじろがず、「同じ小学校6年生の作品です。君たちにもできます。図書館に行って資料をさがしましょう。まずは、子ども向けの本をさがしなさい」と話をしました。

基礎となる力を大切に

いきなり原稿用紙30枚の論文を書くように言っても無理なことは、わかっていました。はじめての取り組みだったので、自分なりに4月から準備や布石はうっていました。

まずは、授業の改善です。岸本先生は、歴史にも造詣が深かったのです。サークルの例会でも、万葉集やいろは歌の謎など、興味深い話をいつもしてくれ、話に引き込まれました。子どもたちにも楽しく、知的好奇心をそそる授業をされていたようです。20代の未熟な私でしたが、いろいろな実践を読んだり、奈良・京都の歴史授業に関係する寺や遺跡などを見学したりしました。そこで学んだことを子どもたちに伝える授業を進めました。少しずつ、子どもたちは歴史について「もっと知りたい」「○○っておもしろそうだ」など、一人ひとりがさまざまな欲求をもつようになってきました。

第2は、本を読む習慣をつけることでした。岸本先生は、「論文を書かせたときは岩波新書を読む子もいた」と話をされていました。6年生で岩波新書はかなりのレベルです。4月から本を読む取り組みをしました。2学期には、大人が読む小説を読む子も出てきました。論文を書くときにも、大人が読む本を参考にする子もいました。

第3は、書く力をつけることでした。文を書き慣れるようにしていきました。日常的に授業の感想やミニレポート、週に1回は作文を書かせることを心がけました。

夏休みには、戦争中のことについて祖父母に聞き取り調査をさせました。その頃の6年生の祖父母はほとんどが戦争体験をされていました。聞いたこと、思ったこと、もっと聞きたいことを原稿用紙にまとめていきました。たくさん書いた子は10枚を超えていました。

原稿用紙に書くときには、丁寧な字で書くことも要求しました。論文というのは、人に読んでもらうのが前提です。普段から連絡帳やノートを丁寧に書かせることや、書写の時間にはひらがな・カタカナ・漢字の字形指導を加えてきました。

子どもたちの調べたいことを最優先する

論文を書く手順を次のように定めました。

1 テーマを決める　11月末～12月上旬

「心ひかれた人物について」「興味のある歴史について」

2 調べる　12月上旬～1月末

- 図書室の本（伝記・歴史資料集・百科事典）、教科書、新聞
- 地域の図書館の本
- 記念館や資料館に手紙を書く。
- 本や資料を読み、必要な事項をノートに書く。

3 まとめる　1月末～2月末

- 下書き
- 清書
- 製本

4 発表する　3月上旬の参観日

1 テーマを決める

テーマを決めるのに結構時間がかかりました。男子の場合は、戦国時代の人物に、女子は、ナイチンゲールやアンネ・フランク、ヘレン・ケラー、卑弥呼、紫式部など女性の生き方に興味を示す傾向がありました。

2 調べる

本をさがすのが大変です。子ども向けの本は図書室で調べます。中学生、高校生、大人が読む本は地域の図書館で借りることをすすめました。でも本が見つからないこともありました。家の人と大きな書店に買いに行った子や、古本屋まわりをした子もいました。

3 まとめる

論文を書くためのプロット指導もしました。形式は、次のようにそろえました。

◎目次（2枚）

◎はじめに（2、3枚）

研究の動機＝人物（歴史）を選んだ理由と調べてみたいこと

◎章立て（20枚）

3章から5章くらいの章立てをさせ、章のなかをいくつかの内容に区切ります。おもな業績、人物のあらまし、人物に対する自分の考えや疑問をつづらせます。

◎終わりに（3、4枚）

人物を調べてわかったこと、考えたこと、論文を書くなかで成長したことなどを総括的に書かせます。

◎参考文献（1枚）

調べるのに使った書名を書き出します。

何もないところから組み立てを考えるより、目安があったほうがまとめやすいだろうと考えて、枚数も示しました。

論文をまとめていくときに気をつけたことは、本の引き写しで終わらせないようにしました。資料をうまく咀嚼できない子には、下書きの段階で、引用したところと自分の考え、思ったことを意識させるようにアドバイスしました。

表紙用の紙にそれぞれが絵を描き、製本しました。完成した冊子を渡すと、「本みたいで気持ちがいいね」。冊子の厚みを見て、「これ、ぼくが書いたんだよね。自分が書いたのじゃないみたい」と言いつつも笑顔でした。「見せて」「交換して読もう」「私のも読んで」と読み合っていました。親には参観のときに卒論発表会という名で一人ひとり書いたことを伝えました。

できあがった冊子を岸本先生に見せると、お褒めの言葉と次への課題を言われました。師匠に見守られながらの20代の修行でした。

年譜

―深沢英雄―

1977年（22歳）中学校助教諭になる。数学を教える。学力の大切さを知る。教師開眼の恩人、Tさんとの出会い。

1978年（23歳）小学校助教諭になる。小学3年生を担任する。

1979年（24歳）小学校教諭になる。小学4年生を担任する。

北区教科研に参加。

人生の師匠岸本裕史先生と出会う。

1981年（26歳）結婚。家族の愛情を知る。

1983年（28歳）長女生まれる。親の子にかける思いを感じる。

1985年（30歳）落ち研（学力の基礎をきたえ落ちこぼれをなくす研究会）設立に参加。

1986年（31歳）長男生まれる。子育ての楽しさと責任を知る。

1994年（39歳）落ち研事務局長。組織を動かす醍醐味と苦労がわかる。

1995年（40歳）1月17日阪神淡路大震災。「命」の尊さを体験。

1997年（42歳）6月28日、神戸連続児童殺傷事件・少年A逮捕。その日に群読講座に参加し、家本芳郎先生と出会う。知的好奇心や知的生産術について示唆される。

1998年（43歳）神戸歴史クラブ設立に参加。歴史的な見方を学ぶ。

2001年（46歳）学力研（学力の基礎をきたえどの子も伸ばす研究会）に名称変更。

堰八正隆（せきはちまさたか）先生宅に通いはじめる。

2002年（47歳）教育の広さ深さと自己を見つめる意味を教えていただく。

『読みの力を確実につける』出版。

日本群読教育の会発足に参加。群読の教育文化としての可能性を感じる。

2003年（48歳）『基礎・基本「計算力」がつく本〈小学校1・2・3年生版〉〈4・5・6年生版〉』出版。

2005年（50歳）学力研常任委員長就任。学力研の実践を知ってもらい広める仕事をさせていただく。

『どの子も伸びるさかのぼり指導のアイディア』出版。

2006年（51歳）2月15日家本先生逝去。

12月26日岸本先生逝去。

「すべての子どもに確かで豊かな学力を」岸本先生から託された思いを受け継ぐ。

2007年（52歳）『岸本裕史　100マス先生の遺言』出版。

2011年（56歳）『つまずきと苦手がなくなる計算指導』出版。

2015年（60歳）3月31日小学校教員を退職。

●ふかざわ・ひでお●
1955年兵庫県生まれ。
兵庫県神戸市立甲緑小学校教諭。
（2015年3月31日退職）

file：014

トイレ掃除に
燃えていた20代

30年間学び続けたサイクル

福山憲市
Kenichi Fukuyama

［初任の頃の授業］

「指導書そのまま授業」をする

昭和58（1983）年4月11日の指導案を次のページに載せます。

教師になってはじめての授業。全5時間の指導案を書き残しています。その2時間目の指導案です。

見たらおわかりのように、手書きです。

ワープロも普及していなかった頃です。

校長から勧められ、毎時間「指導案」を書いて授業に臨むようにしていたのです。

「まずは、指導書を写すことからはじめるといいですよ」

その言葉通り、指導書を丸写しすることからスタート。

授業も指導書通りに流していたのです。

当然、目の前の子どもたちの実態にあった授業ではないです。

「教科書の内容を教える」……そんな授業をしていました。

教科書の内容を押さえるのに、必死だったのです。目の前の子どもたちの実態をとらえて授業を組み立てるなんて、考えてもいませんでした。

当然、子どもたちの反応をつかむ余裕なんてないです。指導案を見ると、それがよくわかります。

授業後に「子どもたちの反応」を指導案のなかに「朱書き」していないのです。

ただ、順番の変更や使った物の変更を書き足しただけです。

今読み直しても、当時の授業の子どもたちの様子が目の前に浮かびません。

こんな「指導書丸写し授業」を1カ月近く続けていたのです。

ただ、授業の途中に何度も脱線し、授業に関係ない話をたくさん盛り込んで楽しんでいたのを思い出します。

2年生の子どもたちに対する授業は、それでいいと勝手に思っていた自分がいます。

当然、いつも脱線して面白い話を差し込むことは無理です。

2年生の子どもたちは正直です。

5月のある日、ひとりの女の子が、こんな言葉を授業中に発することになるのです。

「先生、勉強やめよー。面白くなーい。遊ぼー」

この言葉を境に、授業に対する考えが大きく変わっていくのですが、それまでは、工夫も何もない「指導書そのまま授業」をくり返していたのです。

授業に対する考えが変わっていった様子は、拙著『20代からの教師修業の極意』にくわしく書いています。

着任の日に、校長先生から「指導案は毎日書いた方がいいよ」と言われ、指導書をそのまま写すことだけは続けていました。１週間に１度、校長先生がチェックをし、印鑑を押してくれていました。

［ はじめての学習指導案 ］

国語科指導案

・日時　昭和58年4月11日(月)　第2校時
・題材　春の子もり歌
・題材設定の理由
　1. 場面ごとに人物の様子を思い浮かべさせると同時に、全体を通して感じ取れる平和な雰囲気を読み取らせる
　2. それぞれのお母さんの子もり歌を手掛かりに丁寧な視写をさせながら、場面の展開を確実におさえる。

・本時の目標

　題名・冒頭の一行・さし絵から物語の内容を想像することができ、また新出漢字が理解できるようにする。

学習過程	指導上の留意点	準備物
1. 前時の想起をする。	1. 先生が子もり歌を歌ったことをもとに想起させる。	
② 「春の子もり歌」の中の新出漢字の練習をする。	2. 「春」「歌」「来」「戸」「行」の読みと書き削に注意させる。	
3. 「春の子もり歌」という題について話し合う。	3. 春はどういうものであり、どのような様子を連想するかを考慮させる。	春がきた。
4. 「春が来ました」に続く自分の思い出を想起する。	4. 想起しやすいように、先生（教師側）の思い出を語り、案出しやすいようにする。	・つくし ・庭に花 ・2年生になった。 ~~国語掛図~~
※ さし絵を見て、だれが歌っているのか、どんな子もり歌かを話し合う。	5(4)できず（次時へ）	
6. 次時の予告	6. 5をより詳しく扱うことを告げる。	

当初の計画とは違った準備物などを朱書きで書き込んでいました。

子どもたちの反応、授業後の反省を書くことを考えもしなかった初任スタート時の指導案です。

［指導力向上のために］

サークル主宰者として誰よりも……

勉強会に参画する

初任のとき、子どもたちの「授業、面白くない」という言葉をきっかけに、勉強会に参画するようになりました。

その勉強会は月2回の開催。参画するための条件は、レポート持参。実践したことを書いて報告する形をとっていました。

短い時間でレポートを読み終わると、質問攻めにあいます。ひとつとして、まともに質問に答えることはできませんでした。

ただ指導書通りにやっていた授業。何ひとつ工夫して授業づくりをしていなかったのです。とりあえず参画するために、レポートを持っていった自分。当然、質問に答えるだけの理論もありません。

毎回、何人もの先輩先生から厳しい言葉を浴びました。悔しくて涙が何度となく流れました。

そのたびに、勉強会終了後の飲み会で次のように言われたのです。

「よかったなあ、今日言われたことを生かせばいい。勉強をもっとすればいい。教師が勉強をすれば、授業が変わり、子どもたちにかえっていくぞ」

この言葉に救われ、休むことなく勉強会に参画し続けました。

ちなみに、この勉強会には、他団体の勉強会にも参画している先生方がたくさんおられました。すぐに紹介してもらい、国語関係、理科関係、社会関係の勉強会へも次々と参画するようになりました。

最終的には、新採3年目から教育技術法則化運動に参画し、徹底的に教育技術の共有化に力を注ぐようになり、今に至っています。

サークルを立ち上げる

勉強会に参画することは、一見「能動的」です。でも、2週間に1度のレポートづくりに対して、間に合うように作ればいいという「安易な気持ち」がだんだんと出てきました。必死さが、どこか100パーセントになっていない自分を感じるようになったのです。

勉強会に参画し、新しい教育技術などの情報を得て、少しずつ授業が変わることはうれしかったです。

でも、もっと毎日の教師修業に必死になりたい。どの授業においても、子どもたちの目が輝く授業をし続けたい。

そのためには、ただ勉強会に参画してい

るだけではだめだと思うようになったのです。

実は、いちばんはじめに参画した勉強会「エスカルゴ」の主宰者は、同じ学校の研修主任の先生でした。30代前半の方でした。その先生は、常に教育書を読まれ、実践記録を残されていました。

ある日、お聞きしました。

「なぜ、そんなに勉強をされるのですか」

「勉強会を主宰するということは、誰よりも勉強をして臨むということですよ。参画される方の手本になれるくらい努力し続けなくては、勉強会を長く続けることはできません」

これこそ、必死に学ぶということだと思ったのです。自分の望んでいた姿です。

すぐに、「ふくの会」というサークルを立ち上げました。はじめは、1人サークルでした。でも、すぐに転勤した学校で声をかけ、4人のサークルになりました。

サークル主宰者として誰よりも実践レポートを持って行き、誰よりも教育書・教育雑誌を読んで会に臨むようになったのです。

サークル定例会は、朝10時から夜の10時まで延々と続くこともありました。レポート検討、模擬授業、再現授業など、教師力を少しでもアップするために時間を費やしたのです。

教育書・教育雑誌を読む

初任の4月、定期購読している教育雑誌は1冊もありませんでした。教育書も1冊も読んでいませんでした。

ところが、勉強会に参画するようになって、大きく変わりました。

勉強会で紹介された教育書は、できるだけ注文し読みはじめたのです。今のように、注文してもすぐには届きません。何週間もかかることもありました。それだけに、待って待ってやっと届いたところで読む。半端なく学びたい気持ちで、むさぼるように何度も読んだのを思い出します。

月刊教育雑誌も、当時発刊されていた十数冊を1度に定期購読するようになりました。『現代教育科学』『授業研究』『国語教育』『社会科教育』『理科教育』『特別活動研究』『学校運営研究』などです。

教育書と月刊教育雑誌を購入するのに、給料の半分近くを使うこともたびたびでした。

でも、勉強会に参画すると、これらの本や雑誌を読んでおかなくては、話題についていけないことが多かったのです。

もちろん、1度読んだだけでは意味をつかむことができません。次の号が出るまで、何度も読み直し、気になったことをノートにメモするようになりました。

それだけで終わらず、どうしてもわからないときは、先の研修主任にお聞きしました。時には、勉強会に行ったとき、先輩先生方にしつこく質問して教えてもらいました。

「福山先生、先生がやっていることはとてもいいよ。本や雑誌は読むだけではだめ。教師力をうんと高めるためには、読んだことをメモしたり、わからないことをたずねたりすることが欠かせないよ」

「読む→書く→たずねる→また読む」。このサイクルを通して、指導力・教師力の向上を初任のときから図ってきたと思うのです。

このサイクルは、教師生活30年を過ぎた今も続けています。何十年も続けたことで、指導力が向上すると実感しています。

「割合」の授業

51歳のとき、算数専科をしました。

5年生4クラス、6年生4クラスの算数授業を任されたのです。当然、1度に8クラスすべてに仕組むのは無理です。

4、5月は5年、6、7月は6年というように授業を仕組んでいったのです。

ここでは、そのなかの1月の実践、5年「割合」の授業の誕生秘話を少し紹介します。

5年生133名中126人が市販テスト100点、95点が4人、90点が3人、平均点99・6点だった実践です。

算数専科のときには、単元ごとに1冊のノートを作成していました。

下の写真は、その1ページ目です。

「割合」の授業に入る前の「準備運動」。復習のページへの書き込みの様子です。

教科書をコピーしてノートに貼り、時間を見つけては、書き込み。字を見ていただ

[思いつきを書き込んだ教科書]

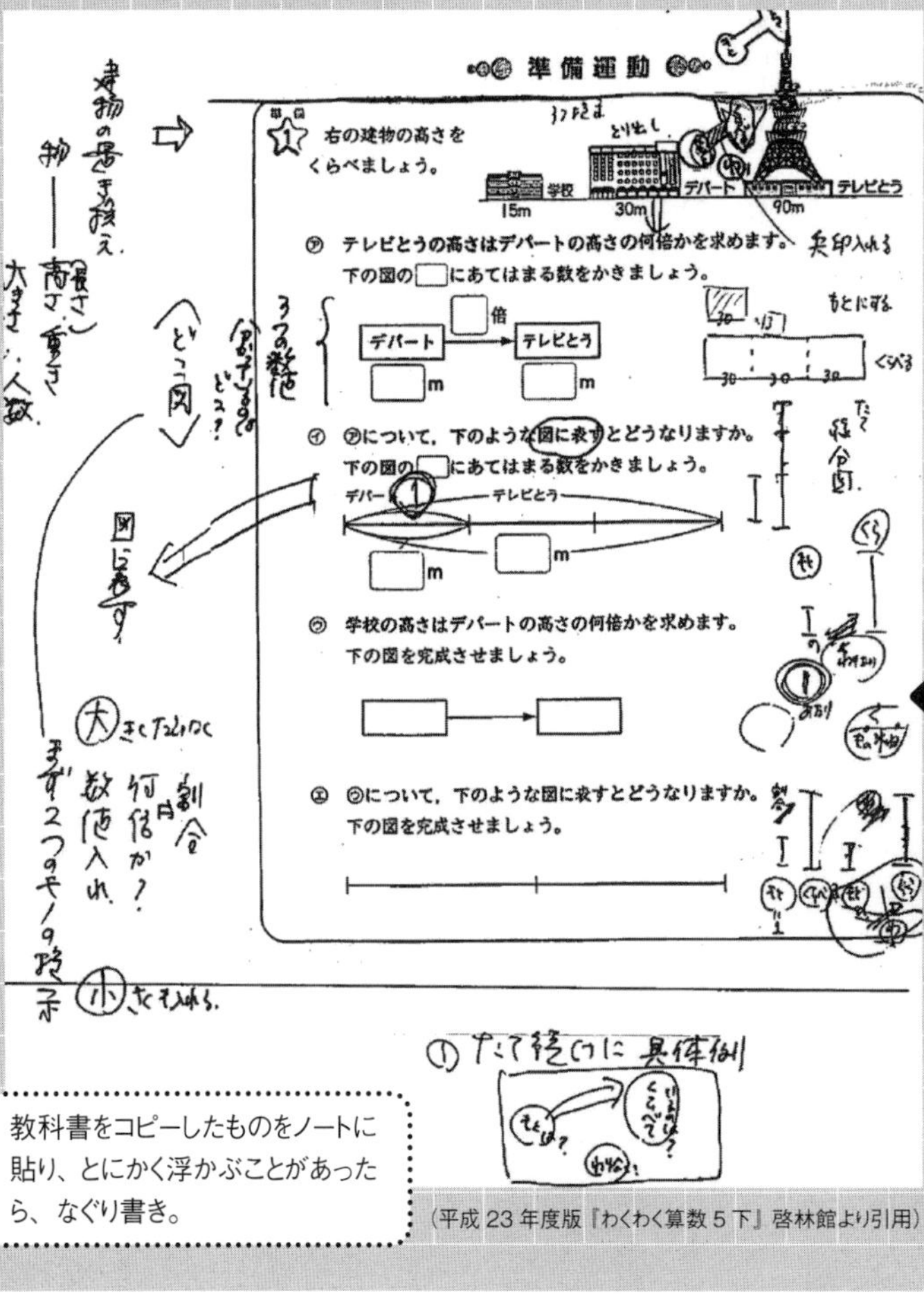

線分図・関係図が気になってしかたなかったのです。

教科書をコピーしたものをノートに貼り、とにかく浮かぶことがあったら、なぐり書き。

（平成23年度版『わくわく算数5下』啓林館より引用）

いたらわかるように、とにかくなぐり書きです。思いついたことを、急いで書きとめているのがわかります。

ふっとアイデアが浮かぶことがあるからです。浮かんだときに、さささっと書いています。

ここでは、今まで5年担任を何度か経験し、「線分図」や「関係図」に抵抗を感じる子どもたちを多く見てきたので、写真のような書き込みをしているのです。

- 「たて線分図」というのは、どうだろう。そうすると、絵と連動するのではないかな。
- 大きさの対比を「わかりやすい図」で示したらどうだろう。例えば、小さな□と大きな□というように。
- 絵の中に「矢印」を入れることで「線分図」の導入にしたらどうだろう。
- 「線分図」をもっとわかりやすい「図」、イラストなどを使って表したらどうだろう。

こんなふうに思ったことを、簡単な言葉でなぐり書きしているのです。

書き込んだことをもとにして、授業づくりを進めていくのです。

算数専科になったとき、特に意識したのが1時間の授業づくりよりも、1単元のな

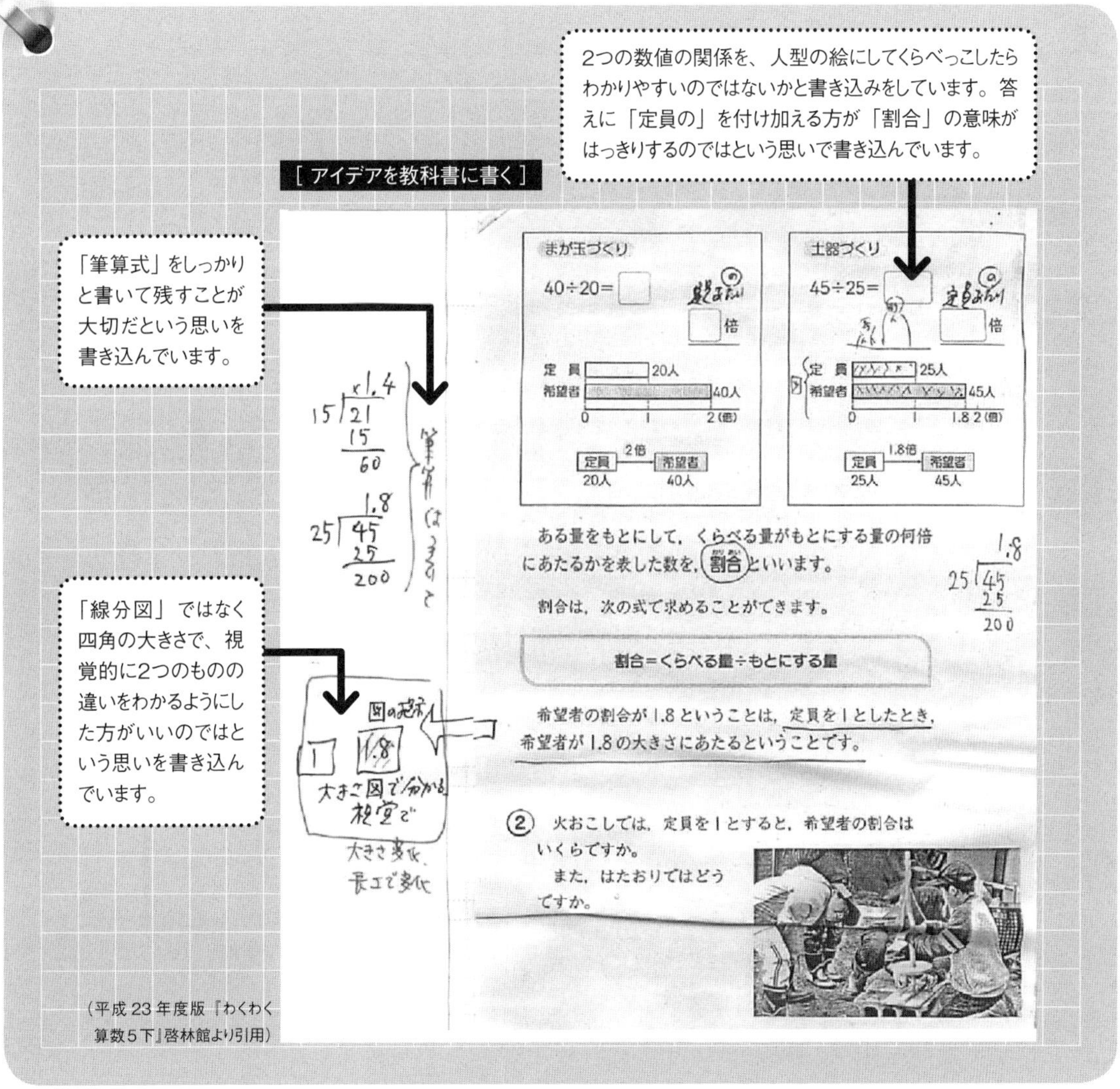

（平成23年度版『わくわく算数5下』啓林館より引用）

かで、どのように力をつけていくかです。

「割合」の単元は、全17時間でした。

その17時間を通して、どんな「割合」の問題が出ても、さっと解けるようにしなくてはいけません。

はじめの1時間、2時間でわからなくても、巻き返しくり返し「解くコツ」をしかけていくことで、最後には全員が「割合」の問題なんて簡単という状態に、もっていく必要があります。

下の「子どものノート」を見てください。これは、「割合」の授業に入って3日目の記録です。このノートを見ると、わずか3日目にして、子どもたちが「割合」の問題を解くコツをマスターしつつあるのが見えます。

その一つが、福山が考えた「雪だるま図」という関係図です。

先に紹介したように、「線分図」や「関係図」を、子どもたちにわかりやすいものにしたいとずっと考えていました。1月からスタートする「割合」の授業を前に、冬休み中ずっと悩んでいたのです。

ある雪の日に、いつものように走っていたら、ふっと「雪だるま」が頭に浮かんだ

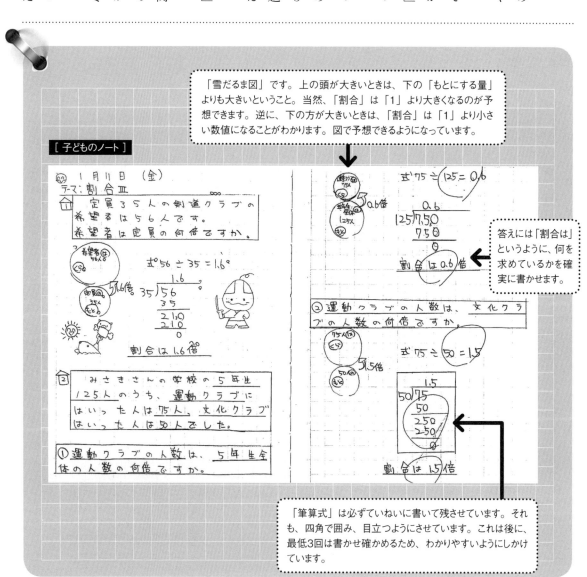

「雪だるま図」です。上の頭が大きいときは、下の「もとにする量」よりも大きいということ。当然、「割合」は「1」より大きくなるのが予想できます。逆に、下の方が大きいときは、「割合」は「1」より小さい数値になることがわかります。図で予想できるようになっています。

[子どものノート]

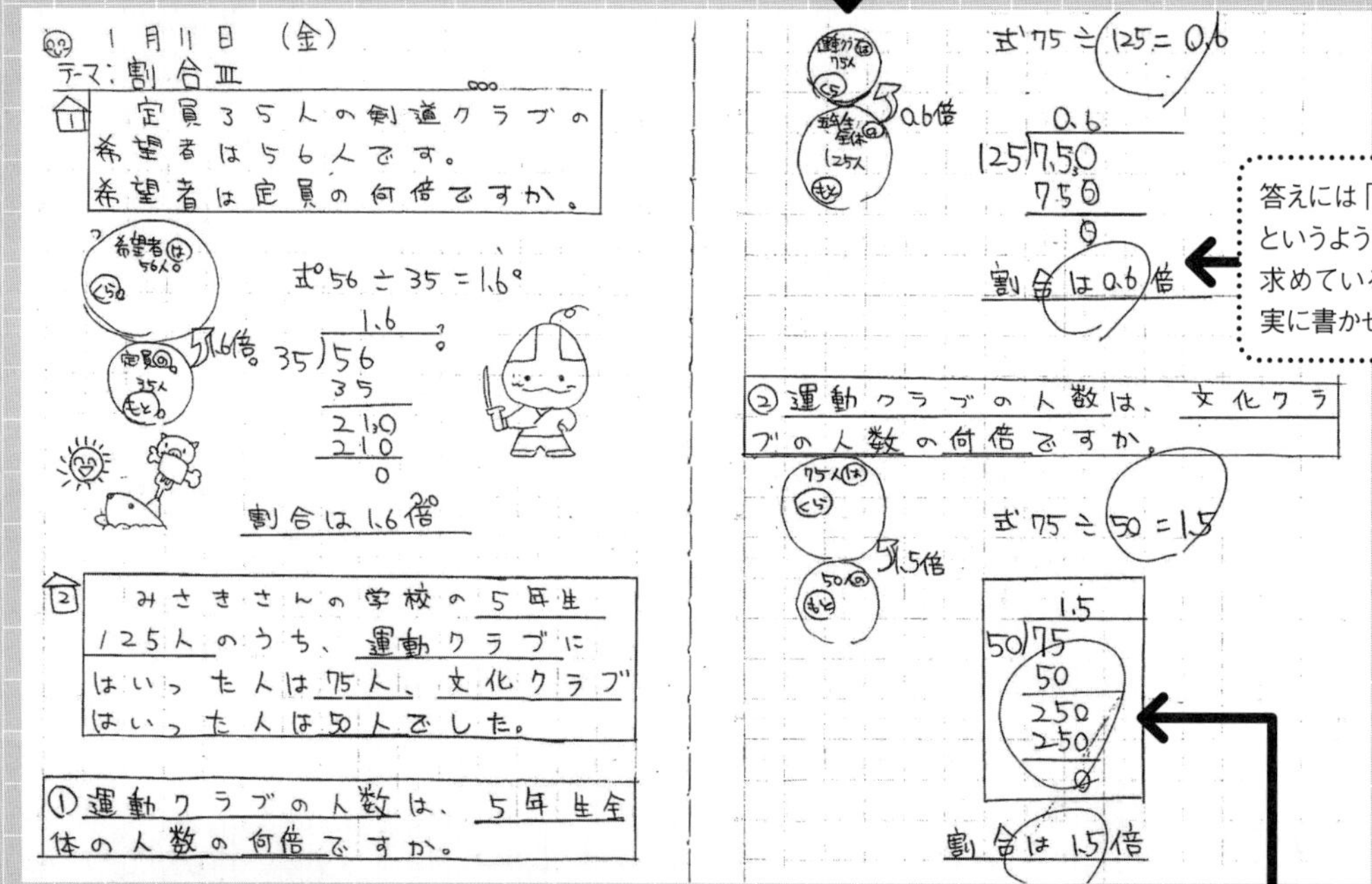

答えには「割合は」というように、何を求めているかを確実に書かせます。

「筆算式」は必ずていねいに書いて残させています。それも、四角で囲み、目立つようにさせています。これは後に、最低3回は書かせ確かめるため、わかりやすいようにしかけています。

のです。

「たて線分図ではなく、雪だるまのような図にしたら、子どもたちになじみやすいのではないか」

雪が降っていたので、この図がひらめいたといってもいいです。

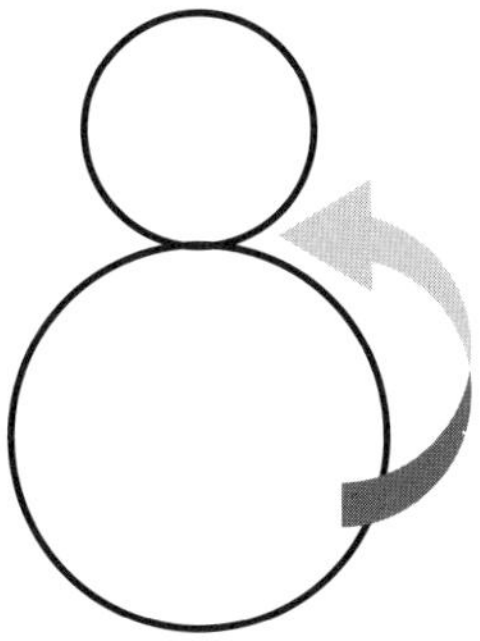

雪だるま図

2つの関係を横に表現するのではなく、右の絵のように上下で考える。そんな図を「雪だるま図」と呼んだのです。

実はここに「分数」の発想も隠してあります。上が「くらべる量」、下が「もとにする量」です。当然「くらべる量÷もとにする量」というように計算が成り立ちます。

その答えが「割合」です。

もちろん、教科書に書かれている関係図を教えないということではないです。はじめは「雪だるま図」から入り、慣れたところで押さえます。

この「雪だるま図」と教科書の「関係図」も意味はいっしょだということがわかります。

よく見ると、雪だるま図が横になっただけと感じるようになるのです。

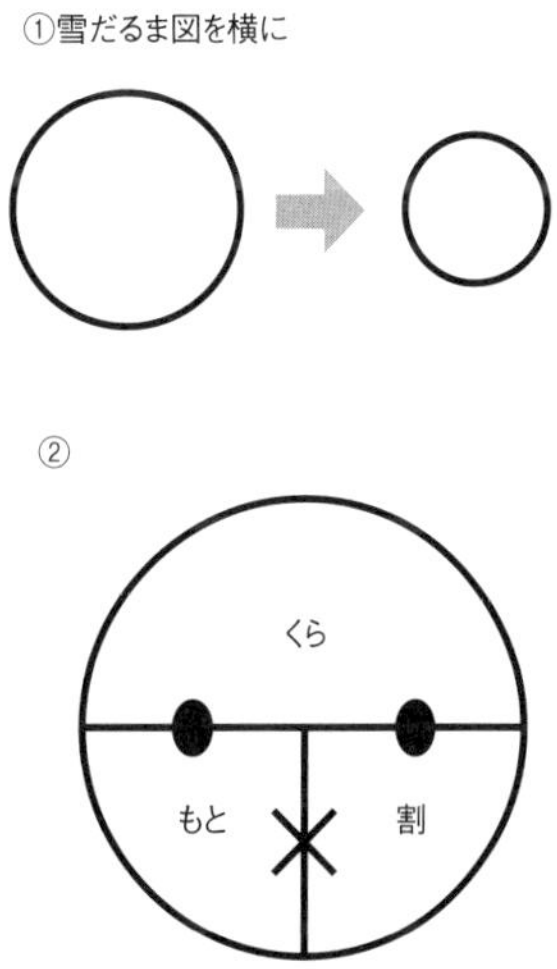

さらに、よく使用される②のような図も、雪だるま図に近いことがわかります。

もちろん、この「雪だるま図」の意味がわかったからといって、平均点が100点に近くなったのではありません。あくまでも「雪だるま図」は「解くコツ」の一つです。これを使うことで「割合」に対する抵抗感が少し低くなったにすぎません。

でも、単元を通して「割合」に対する抵抗感を一つ一つ取り去っていくことが欠かせないと思っています。この一つ一つの「抵抗感取り除きを全員に」しっかりとしかけることで、最後にあの平均点になったと思うのです。

例えば、この後、次のような抵抗感を取り除いていくように授業づくりをしていきます。

- 2つのものをくらべっこする問題を、キャラクターなどを使用して提示。問題に馴染みやすいようにする。
  (例) くまもんとピカチューの身長くらべなど。
- 「合言葉」を作って、計算式がすぐに浮かぶようにする。
  (例)「割合3点セット」と称して「くらべる量は、下×下」「もとにする量は、上÷下」というように、雪だるま図を見ながら唱える。
- 文章題から「くらべる量」「もとにする量」「割合」をさっと見つけることができるように、ここでも合言葉を作る。
  (例)「まず割合!」というように、「割合」がどこにあるかに目を付けさせるなど。

紙面がつきてしまいました。

全17時間の一つ一つを語ることはできませんでしたが、1時間1時間の積み重ねを通して、「割合」に対する「抵抗感」を一つ一つ減らしていくように、授業を組み立てていったのです。少しでも参考になればと思います。

年譜

福山憲市

1983年（22歳）小学校教諭になる。勉強会「エスカルゴ」に参画。

1984年（23歳）教育技術法則化運動に出会う。

1985年（24歳）法則化サークル「ふくの会」を立ち上げる。当初は1人サークル。

1986年（25歳）転勤。校内の先輩先生3名を加え、法則化サークル「ふくの会」を本格的に始動する。『たのしい授業』の編集委員をする。初めての原稿依頼。『授業研究』に書く。

1987年（26歳）広島大学附属小学校の授業を見る会に参画。その参観記を『授業研究』臨刊に書く。明治図書の連合雑誌のモニターに挑戦する。法則化体育代表・根本正雄先生と往復書簡をスタートする。

1988年（27歳）研究授業「野辺山のくらし」のための事前研究ノート「野辺山への道」を書きはじめる。授業公開までに2冊完成。初めて、講師として講座に呼ばれる。

1989年（28歳）明治図書の『社会科教育』『理科教育』の連載を依頼される。第1回下関合宿をサークルで企画運営する。野口芳宏先生や浜上薫先生など実践家をお呼びする。『教室で活躍するキャラクター集』を発刊する。

1990年（29歳）『〝ひとり学び〟を鍛える面白ドリルワーク』を『授業研究』臨刊として発刊。今まで書き溜めてきた300枚以上の面白ドリルワークをまとめる。全国組織「ミスを活かす子ども達を育てる研究会」（ミス退治運動）をスタートする。350人強の同志に、毎月何回か、通信を発送する。

1991年（30歳～）学研の通信教育にこれから10年間関わる。『学研の学習』の付録や『学研イマジン学園』の問題作成などをする。これから後『授業研究』『楽しい学級経営』『分析批評の授業』『楽しい体育の授業』『楽しい理科授業』『教材開発ツーウェイ』『授業のネタ 学習ワーク』『授業力&学級統率力』『国語教育』などの連載を毎年のようにさせていただく。『資料提示の技術』『知的学級掲示自学のアイデア』『自学ノートの指導技術』など自学関係の本を立てつづけて発刊させていただく。

1997年（36歳）十二指腸潰瘍で大下血。2カ月学校を休む。このことを境に、仕事のセーブをはじめる。サークル活動をメインの活動にする。

2000年（40歳）教育技術法則化運動解散。学びサークル「ふくの会」として再出発。佐賀県で研究大会記念講演。「花心・根心・草心」という演題で話す。

2009年（49歳）特別支援学級担任（情緒・自閉学級）となる。7人の児童を受け持つ。

2010年（50歳）教務主任となる。

2014年（54歳）初任研担当教諭2年目。

●ふくやま・けんいち●
1960年山口県生まれ。
山口県下関市立勝山小学校教諭。

file：015

教師を続けていけるかどうか不安だった20代

心を込めて聴く教師から、授業に目覚めるまで

増田修治
Shuji Masuda

悩み・苦しみ・心痛めた新任のころ

［初任の頃の授業］

はじめに

扉の写真は、1980年4月の新任時22歳の時のものです。始業式の翌日の写真です。始業式でクラスの子どもたちと会ったあと、入学式を終えたあとに撮影してもらったものです。まだまだ何も知らず、不安いっぱいだったことを今でも思い出します。

「いいクラスだといいなぁ～。子どもといっぱい遊ぶぞ！」と希望に燃えていました。

しかし、担任したクラスは、大変なクラスでした。今で言えば、「学級崩壊」だったのかもしれません。

担任した4年生は、小1から小3までクラス担任が7人も替わったのです。産休や育休で担任が替わっただけでなく、「子どもたちが大変だから……」という理由で辞めていった担任もいたのです。そうした状況のなかで、子どもたちの心は荒(すさ)んでいました。

4月中旬のことです。あるひとりの男の子が授業が始まっても、いないのです。どうしたのかと心配になった私は、子どもたちに聞いてみました。すると、誰ひとり答えないのです。

耳をすますと、「オーイ！　開けて～！」との声が聞こえます。その声を探しながら教室を歩きまわると、なんと水色の大きなポリバケツに入っていたのです。しかも、しっかりとバケツのふたが閉じられ、開かなくなっていたのです。

私がポリバケツのふたを開けると、「えっへへへへ……。閉じ込められちゃった！」と悪びれる様子もなく、なかから男の子が出てきたのです。私は、正直あきれてしまいました。それと同時に、知っていながら何も言わないクラスの子どもたちに腹が立って仕方がありませんでした。思わず、「知っていて、どうして何も言わなかったんだ！」とどなってしまいました。

どなったあとで、ものすごく落ち込みました。これが、新任1年目の4月早々の出来事だったのです。正直、続けていけるかどうか不安になってしまいました。

十四の心を込めて聴く

私が新任のときに担任した4年生のなかに、私にいちばん影響を与えてくれた美子(仮名)という女の子がいます。

体育では、鉄棒を中心に教えていました。

鉄棒はできたときの喜びが大きく、「できたよ、先生！」と言ってくれるのがたまらなくうれしかったからです。そんななか、美子は鉄棒の「前まわりおり」ができないのです。どんなに鉄棒が苦手な子でも、前にまわっておりるぐらいのことはできるはずです。休み時間や放課後に取り組むのですが、鉄棒に乗った状態から少し体を前に折る形以上のことはできません。実は、美子の両親は２人とも目が見えませんでした。そのため、小さいときから逆さになるという経験がないまま大きくなってしまったのです。

私は「きっと、逆さ感覚がないから、鉄棒の『前まわりおり』ができないんだ！」と思い、階段の踊り場に手をつかせて、徐々に足を上の段に乗せていくということをやっていきました。

だいぶ足があがるようになったのを見はからって、体育の時間に鉄棒をしたのです。美子を中心にして、クラスのみんなが応援します。しかし、美子は「前まわりおり」をしようとしますが、やはりどうしてもできません。ある子が、「先生、鉄棒の下にエバーマットを敷いてみたら」とアイデアを出してくれたのです。

エバーマットを持ってこさせて鉄棒の下に置いたら、あっという間に「前まわりおり」ができてしまったのです。私は正直唖然としました。

結局美子は、「前まわりおり」をしたときに足がドンと地面につくことが怖かったのです。そのときに私は、「子どもの本当の思いを知ること」の大切さを教えてもらったような気がしました。同時に、子どもの気持ちを理解しなくては、授業というものはダメなのだと考えさせられました。

若い先生は時として「私が、子どもを変えるんだ！」と意気込むことがあると思います。それは、若いときには必要なことです。しかし、子どもの本当の思いをしっかりと聴くことが大切なのです。聴くとは、耳に「十四」の「心」と書きます。私たちは、子どもの思いを十知ろうと思ったら、十四の心を込めて聴くことが必要なのではないでしょうか。そのときに、子どものすばらしさとすてきさが改めてわかってくるのではないかと思うのです。

子どもが教師を支えてくれた

3年ほど前に、同窓会がありました。「先生、あのときみんなで先生のこと、守ったんだぜ」。クラスでいちばんのいたずら者だった男の子からの言葉でした。教師になって2年目、必死にいろいろなことを試しているときでした。

その当時「ハダシ保育」が流行っていました。「はだしになると、足裏からさまざまな刺激が受けられ、脳の発達にいい」とか、「意欲的になる」などと言われていました。特に、「全体的にバランスの良い発達が促される」と言われていたのです。当時3年生を担任していた私は、それに飛びつきました。さっそく、クラス全員でのはだし生活が始まりました。子どもと私を含めた38人が、学校に来たとたんに、靴下も脱いではだしで生活するのです。教室はもちろん、校庭や体育館でも、はだしでした。子どもたちは、「イタイ！　イタイ！」と言いながら、走っていました。冬になってもはだしだったのですから、ヒンヤリした床は、私や子どもたちの足に霜焼けを作っていきました。保護者から霜焼けの相談も数件あったのですが、「体にいいから……」と言って説得していました。

しばらくして霜焼けで足がかゆくなり、授業中みんなでボリボリと足をかく状況になりました。足をかきながら「かゆいね！」などと笑い合っていましたが、「かゆくて仕方がないし、これでは授業に集中できない」ということになり、「ハダシ教育」は中止になりました。

その直前に持ち上がっていたのが、「はだしのことで、学校に言いに行こう」という保護者の動きだったのです。その動きを知ったクラスの子は、それぞれの家で「増田先生は、熱心でいい先生だから、学校に行かないでいい」と保護者を説得してくれたのです。

つまり、クラス全員が私の知らないところで話し合い、「みんなで増田先生を守ろう」ということになったというのです。これが冒頭の言葉の意味でした。

そんな保護者の動きを全然知らなかった私は、その話を聞いて、すごくうれしくなると同時に恥ずかしくなりました。もし、このときにクラスの子どもたちが私のことを守ってくれなかったら、どうなっていただろう。もしかすると、子どもたちに対して不信感をもつきっかけになったかもしれない。

私たち教師は、子どもたちを守っているように思っているけれども、子どもたちだって、教師を守ってくれている。そのとき以来、子どもに感謝や尊敬の念を抱くことができるようになりました。

[増田先生の「つうしんぼ」]

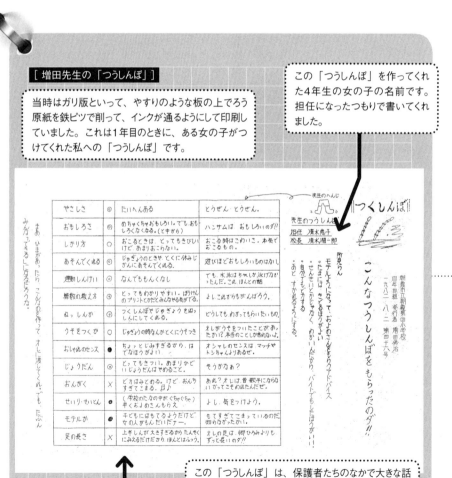

当時はガリ版といって、やすりのような板の上でろう原紙を鉄ピツで削って、インクが通るようにして印刷していました。これは1年目のときに、ある女の子がつけてくれた私への「つうしんぼ」です。

この「つうしんぼ」を作ってくれた4年生の女の子の名前です。担任になったつもりで書いてくれました。

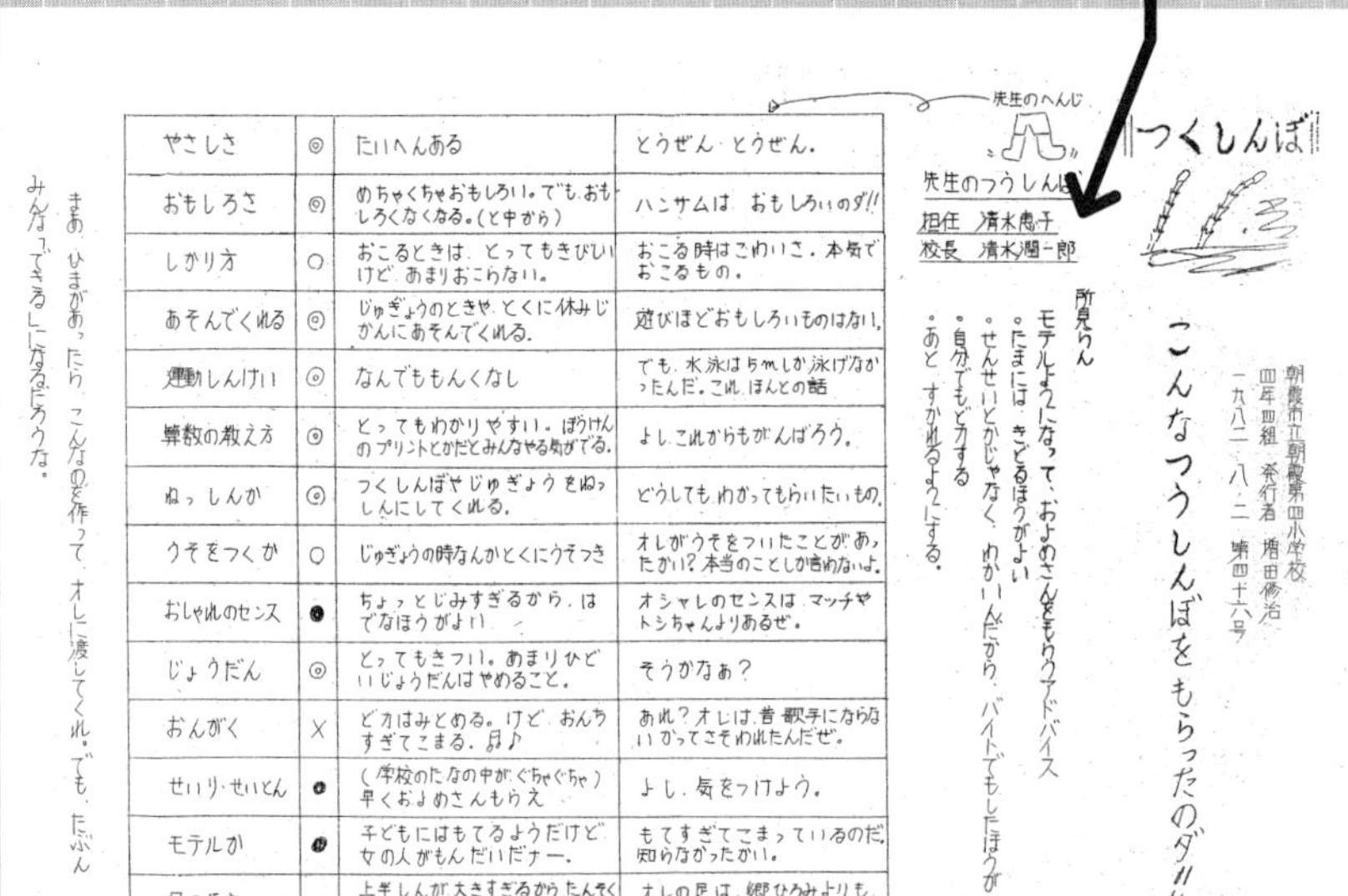

つくしんぼ

朝霞市立朝霞第四小学校
四年四組　発行者　増田修治
一九八二．八．二　第四十六号

こんなつうしんぼをもらったのダ!!

先生のへんじ

先生のつうしんぼ
担任　清水恵子
校長　清水潤一郎

所見らん
モテルようになって、およめさんをもらうアドバイス
。たまには　きどるほうがよい
。せんせいとかじゃなく、わかいんだから、バイトでもしたほうがいい！
。自分でもど力する
。あと　すかれるようにする。

やさしさ	◎	たいへんある	とうぜん　とうぜん.
おもしろさ	◎	めちゃくちゃおもしろい。でも.おもしろくなくなる。(と中から)	ハンサムは　おもしろいのダ!!
しかり方	○	おこるときは．とってもきびしいけど．あまりおこらない。	おこる時はこわいさ．本気でおこるもの．
あそんでくれる	◎	じゅぎょうのときや．とくに休みじかんにあそんでくれる.	遊びほどおもしろいものはない.
運動しんけい	◎	なんでももんくなし	でも．水泳はちれしか泳げなかったんだ．これ．ほんとの話
算数の教え方	◎	とってもわかりやすい。ぼうけんのプリントとかだとみんなやる気がでる.	よし.これからもがんばろう.
ねっしんか	◎	つくしんぼやじゅぎょうをねっしんにしてくれる.	どうしても.わかってもらいたいもの.
うそをつくか	○	じゅぎょうの時なんかとくにうそつき	オレがうそをついたことがあったかい？本当のことしか言わないよ.
おしゃれのセンス	●	ちょっとじみすぎるから．はでなほうがよい	オシャレのセンスは．マッチやトシちゃんよりあるぜ.
じょうだん	◎	とってもきつい。あまりひどいじょうだんはやめること.	そうかなぁ？
おんがく	×	ど力はみとめる。けど．おんちすぎてこまる．♬♪	あれ？オレは.昔.歌手にならないかってさそわれたんだぜ.
せいり・せいとん	●	(学校のたなの中がぐちゃぐちゃ)早くおよめさんもらえ	よし．気をつけよう.
モテルか	●	子どもにはもてるようだけど．女の人がもんだいだナー.	もてすぎてこまっているのだ.知らなかったかい.
足の長さ	×	上半しんが大きすぎるから．たんそくにみえるだけだから.ほんとはふつう.	オレの足は．郷ひろみよりもずっと長いのダ!!

まあ．ひまがあったら．こんなのを作って．オレに渡してくれ。でも．たぶんみんな「できる」になるだろうな。

この「つうしんぼ」は、保護者たちのなかで大きな話題になりました。ひどかったのは、「確かに、おしゃれのセンスはないわよね～」と言ったお母さんがいたことです。それを子どもから聞いてショックを受けました。

[指導力向上のために]

子どもの瞳が輝く授業をめざして

子どもたちの心が少しずつわかりはじめていくと同時にぶつかった壁は、「授業をどうするか」でした。「いい授業をしたい」「子どもの瞳が輝くような授業がしたい」。そう心から願う毎日でした。

実践家2人と研究者1人との出会い

そんな私が出会ったのが、千葉県の深澤義旻（よしあき）先生でした。教師2年目のときでした。

朝霞で教師をしていた年配の先生のつてを使って、個人宅で開いている研究会に参加してみました。歯に衣を着せぬ言い方に驚くと同時に、「いいものはいい！」と明確に評価する先生でした。

当時住んでいたところから、片道2時間半もかかるのですが、月2回土曜日に通い続けました。通う時間も大変でしたが、それ以上に厳しい課題が課せられました。月の初回は、テーマに沿った詩を書いていくのです。それが添削され、アドバイスをされた後、2回目には訂正した詩を持っていくのです。いい加減な詩を持っていくと、怒られました。「教師が言葉の深い意味を知ることはもちろん、言葉を紡ぎ出すことができなくて、どうして子どもの言葉を紡ぎ出したり、引き出したりできるのか。まず、自分の表現力を磨く必要がある」と言われ続けました。

私は詩の表現に関する本や詩人の詩をたくさん読みました。そのおかげで、詩人がどのようにして自分の言葉を紡ぎ出そうとしているかが、わかっていきました。

教師としての基礎は、20代に出会った深澤先生につくられたといっても過言ではありません。実際に授業を見せてもらい、版画や絵の指導、子どもの見方など、ほとんどすべてを教えてもらいました。特に、国語の授業における文学作品の読みとりについては、手取り足取りていねいに教えてもらいました。そして、いつの間にか国語が自分にとって、いちばん得意な教科になっていったのです。

もちろん、深澤先生に教えてもらうだけでなく、自分でも努力をしたのは言うまでもありません。教師2年目から5年ほどは、「この国語教材を深めたい」と思ったものについては、毎時間カセットデッキを使って、カセットテープに録音しました。

家に帰ってから、テープ起こしをし、自分の発問のどこがいけなかったのか、子どもの発言が生かしきれていないのはどうしてかなど、文字にしながら授業について考えるようにしました。

そうしたことを5年ほどもくり返すうちに、いつの間にか、カセットテープに録音しなくても、1時間の授業がすべて頭のなかに入り、自分がどのような発問をし、そのときに誰がどのような発言をしたのかなどが、すべて再現できるようになりました。不思議なもので、そうなってくると、授業のなかでの子どもの表情やちょっとした仕草から、どのような発言をしようとしているのかが、見えるようになってきたのです。不思議な感覚でした。

もちろん、20代の頃ですから、今思うとまだまだなのですが、授業というものに少しずつ目が開かれていく気がしました。

また、新任当時有名だったのが、斎藤喜博という人です。いちばん有名だった『授業入門』という本を読みました。そして、「こんな授業ができたらいいな」との漠然としたあこがれをもつようになり、斎藤氏の著書をすべて読みあさりました。また、斎藤氏のことを学び合う会などもあり、そこに参加していくうちに出会ったのが、川野理夫先生でした。

川野先生は、斎藤喜博氏の教え子で、優れた実践をすることで有名な先生でした。私は無理を言って、一日中群馬の小学校に行って、授業を見せてもらいました。川野先生の国語の授業は、名人と言って良いような見事な授業でした。その他の教科はもちろん、体育のマット運動なども見せてもらいました。子どもたちのほとんどが、見事な三点倒立をしていました。静かに足を上げていきながら、足がピタッと止まる瞬間は、まさに芸術作品のようでした。

時には、「増田君、授業をやってみなさい」と言われ、川野先生の前で授業を見てもらう機会をいただきました。授業がすべて終わり、放課後などに、授業の総括をしていただきました。また、夜には川野先生のところに泊まらせていただき、お酒を飲みながら、授業観や子ども観、具体的な発問の仕方などを教えていただきました。

私の20代は、深澤先生と川野先生という2人の実践家から学ぶことで、自分が育っていった時期でした。2人から感じたことは、「教育に対する熱意」と「次世代の優れた実践家を育てたいという熱意」でした。そして2人とも、「君がベテランになったら、今度は後輩を育てていくようにするんだよ」と言っていました。そして、「優れた実践家でなくてもいいから、子どものことをうんと大事にする教師を育てるんだよ」とも言われ続けました。

こうした2人の言葉をもとに、私は40代になって研究会を開くようにしていきました。「自分が学んだことを若い先生に伝えたい。そうすれば、自分が10年かかったことを半分の5年で到達する教師が生まれる。そうすれば、私を乗り越えてもっと優れた実践を創造する教師が生まれるに違いない」と思って、今も研究会を続けています。

また、それなりに実践が展開できるようになった後に考えたのは、「自分の実践をどう理論化するか」ということでした。そうした悩みを考えているときに出会ったのが、当時立教大学教授だった中野光先生でした。中野先生は、深澤先生の親友であり、深澤実践を理論化する手助けをしていました。その中野先生と出会ったことで、「実践の理論化」という道筋が見えるようになっていったのです。

20代のときには、ひたすら自分の実践を展開し、それを理論化したり、実践レポートにまとめたりしていきました。

私が当時自分に課していたのは、レポー

トをできるだけ書いて残すことと、年に1回は、400字詰め原稿用紙で100枚程度の大型レポートを書くようにしていたことです。そのおかげで、自分の実践の足跡を残し、それを突き放して新しい実践を創造していくということがわかっていきました。大変だったけど、充実した20代でした。

子どもを守ることの重さを知る

30代のはじめのころの出来事です。6年生の葵（仮名）という女の子が、次のような詩を綴ってきました。

テレビで活き作りの魚についてやっていた。
のってる魚はまだ生きていた。
それを見てママが
「あの魚にビールを飲ませたら
　どうなるだろうな。」
と言った。
「出てきちゃうんじゃない。」
と答えた。
そして二人で笑った。
久しぶりにママと会話したので
うれしかった。
そしたら突然涙が出てきた。
ママはいつも疲れて
あまりしゃべらないから、
これだけの会話でもとてもうれしかった。
その夜私は、
ふとんの中で泣きながら魚のことを考え、
笑いながら寝た。

言葉では言い表せないほど重い詩でした。彼女は、「先生、私なんていてもいなくてもいいし、生きている意味なんてないよね！」とつぶやくことがよくありました。また、他人に対して攻撃的な言葉を数多く投げかけるため、みんなとうまく関係がもてませんでした。自分自身も「私はみんなに嫌われている」と思っていました。

6年生の2学期になって、「家庭科で料理をして家の人にも食べてもらおう」という取り組みを学年で行うことになりました。その取り組みの翌日、「家でハムエッグを作ってお母さんを待っていたの。その日は遅番だったので、帰ってくるのが9時すぎになったの。でも、喜んでもらいたくてお母さんに『これ私が作ったんだ。食べて！』と差し出したの。そうしたら、『あなたの作ったものなんて食べられないわよ！』と言って、私の目の前でゴミ箱に捨てたの」と言うのです。

葵の家に訪問し、その理由をたずねたところ、「先生、実は私も自分の親に愛された経験がないんです。だから、子どもを愛するということがどういうことかわからないんです。先生、子どもを愛するって、どうすることですか。どうすれば、子どもを愛することができるのですか」と聞かれました。ネグレクトの連鎖だったのです。

その後、「先生、実は自分の旦那が他に女の人をつくって出て行ってしまったのです。それが、どういうことだかわかりますか」と聞かれました。正直、私はどう答えていいかわかりませんでした。

困っている私に、「先生、それはね、私が女としても母親としてもダメだと突きつけられたことなんです。このつらさが先生にわかりますか」と言ってきたのです。「葵のお母さんも、本当に苦しんでいるんだ」とわかり、私は重い荷物を背負ったような気がしました。

「子どもを守るということは、本当に重い行為なのだ」とつくづく思わされました。

[代表的実践の誕生秘話]

「ユーモア詩」の実践

ひとつの詩との出会い
―「お嫁さん」の詩から学んだこと―

　私が学級作りに「ユーモア詩」を使う転機となった詩を3つ紹介します。

　35歳のときに担任した4年生のクラスに、寺園くんという男の子がいました。その子が、あるときに、次のような詩を書いてきたのです。

　　お嫁さん
　　　　　　　　寺園　晃一郎（4年）

ぼくは、やさしいお嫁さんをもらいます。
友達とお酒を飲みに行った時
こわいお嫁さんは
「今まで何やってたの。
　早く風呂に入って寝なさい。」
と言うけど、
やさしいお嫁さんなら
「早く寝なさい。」
だけですむからです。
あと、給料が少なかったら
こわいお嫁さんは
「給料が少ないから、おこづかいへらす。」
と言うけど
やさしいお嫁さんなら
「あら、少なかったのね。」
だけですむからです。
あと、うるさいお嫁さんと
文句を言うお嫁さんも欲しくないです。
うるさいのと文句を言う女は
お母さんだけで十分です。

　私は、この詩を読んで大笑いしてしまいました。「なんておもしろいのだろう」と思ったのです。そこで、この詩を持って寺園さんの家に行き、「ぜひとも、この詩を学級通信に掲載したい！」と言ったのです。寺園さんは、詩を見たとたんに手が震えはじめました。みるみる真っ赤になっていくのを見て、私は目をそらしてしまいました。

　そしてオズオズと、「どうでしょうか。この詩を載せてもいいでしょうか」と聞いたところ、「子どもが書いたものだから、仕方がないですよね！」と強い口調で言われました。私は、お礼を言って、小走りで学校に戻り、すぐさま、「お嫁さん」の詩を掲載した学級通信を書きました。子どもたち全員が、「わかる、わかる！」と言って共感していました。

　しかし、許可したとは言っても、寺園さんはおもしろくなかったのです。そのため、寺園くんが責められました。その責められたことを、寺園くんはまた次のような詩にしてきたのです。

お嫁さんの事で
寺園　晃一郎（4年）

ぼくが詩ノートに書いた
『お嫁さん』の詩の事で、
お母さんから
「何で、あんな事書くの。」
と、おこられた。
ぼくは、
「いいじゃない。」
と言った。
お母さんは
「最後のあの2行をどうにかしなさい。」
と言った。
「でも先生は、
　あそこが気に入っているよ。」
と言ったら、
「もう、あんな事書いちゃだめよ。」
と言ったので
いやいや
「はーい。」
と言いました。
でも、また書くよーだ！

私は、「お嫁さん」と「お嫁さんの事で」の2つの詩を、1ページの上と下に並べたクラス詩集を発行しました。「おもしろい」「子どもってすてきだ」と言った声が、たくさん聞こえてきました。

しらけた自分と笑いころげる子どもたち

その後、私は高学年を担任しました。そのクラスでは、私立中学校を受験する子どもが3分の2以上いました。そして、偏差値の低い友だちを馬鹿にする雰囲気ができていき、クラスがバラバラになっていきました。そんなときに思い出したのが、寺園くんの詩でした。

その後、4年生の担任になったとき、子どもたちの心の奥底の願いを知るために、自由に詩を書かせてみようと思ったのです。「自由に詩を書いてごらん！」と言ったところ、次のような詩が出てきたのです。

おなら
国広　伸正（4年）

だれだっておならは出る。
大きい音のおならを出す人もいれば
小さい音のおならを出す人もいる。
なぜ、音の大きさが違うのだろう。
きっとおしりの穴の大きさが違うんだ。

私は最初これを見たとき、「つまんないこと書いて」と思いましたが、4年生の子どもたちは、この詩ひとつで15分間も笑っているのです。そのときに、「ああっ、大人である私は、子どもから感覚が遠くなっている。子どもがおもしろい、おかしいと思う感覚から、ずれてきているんだな。だから、あのとき6年生のクラスが荒れたんだ」ということに気づいたのです。それ以来、私は子どもの感覚に近づく努力を続けました。

「ユーモア詩」の取り組みは、子どものすばらしさやユーモアセンスを改めて教えてくれたのです。そして、学校に笑いがあることがいかに大切なのかということも実感することができました。

教師は、何かひとつの武器をもつと、自信をもつことができるようになります。そのことが、良い循環を創り出していくのです。若い先生方も、「これは！」という実践を創り出すことで、大きく変わっていくことができるはずです。

年譜

— 増田修治 —

1980年（22歳）朝霞市立朝霞第四小学校に勤務。

1982年（24歳）深澤義旻先生に出会う。

1985年（27歳）川野理夫先生に出会う。

1988年（30歳）朝霞市立朝霞第七小学校に勤務。

1992年（34歳）深澤先生逝去。自分なりの実践を模索しはじめる。

1998年（40歳）朝霞市立朝霞第二小学校に勤務。

2000年（42歳）埼玉大学非常勤講師（2014年3月まで）。

2001年（43歳）1月、日本作文の会「児童詩教育賞」受賞。朝日新聞に「子どものユーモア、詩に」の記事が掲載。
7月、『話を聞いてよ、お父さん！　比べないでね、お母さん！』発刊。
10月、『子供力！　詩を書くキッズ』発刊。
11月、NHK「スタジオパーク」で「ユーモア詩の授業」が紹介される。

2002年（44歳）6月、『笑って伸ばす子どもの力』発刊。
7月、NHK「人間ドキュメント」の「詩が踊る教室」で、ユーモア詩の授業が放映される。

2003年（45歳）3月、テレビ朝日「徹子の部屋」に出演し、「笑いのある教室」として紹介される。
11月、『ユーモア詩がクラスを変えた！』発刊。

2004年（46歳）5月、『小さな詩、大きな力』発刊。
9月、『ユーモアいっぱい！　小学生の「笑える詩」』発刊。

2005年（47歳）6月、『母親幻想から脱け出す』発刊。

2006年（48歳）朝霞市立朝霞第三小学校に勤務。
TBS全国子ども電話相談室相談員になる。

2007年（49歳）4月、『泣き笑い新米教師　よろず相談寺子屋教室』発刊。

2008年（50歳）3月、小学校教諭退職。
4月、白梅学園大学子ども学部子ども学科准教授として着任。

2009年（51歳）3月、『子どもが育つ言葉かけ』発刊。
6月、NHK「クローズアップ現代」の「〝10歳の壁〟を乗り越えろ」に出演。

2010年（52歳）2月、朝日新聞に「『本当のまなび、伝えたい』教職志望者に巨大版画」の記事が掲載。

2011年（53歳）9月、『教師のチカラ』で「若手教師との交流を通じて」の連載開始（現在に至る）。

2014年（56歳）8月、『先生は忙しいけれど―「多忙」、その課題と改善―』発刊。
9月、『週刊東洋経済』に「学校が危ない」の記事が掲載。
11月、NHK「週刊ニュース深読み」の「荒れる小学生」に出演。朝日新聞社『アエラ』に「公立校に満足していますか？」の記事が掲載。NHK「エデュカチオ！」の「笑いと教育」に出演。TBSラジオ「渋谷和宏・ヒント」に「忙しい先生の今」で出演。

2015年（57歳）『先生！　今日の授業楽しかった！』発刊。

●ますだ・しゅうじ●
1958年埼玉県生まれ。
白梅学園大学子ども学部子ども学科教授。

達人教師15人の
おもな著書一覧

赤坂真二

『赤坂版「クラス会議」完全マニュアル――人とつながって生きる子どもを育てる』（ほんの森出版）
『先生のためのアドラー心理学――勇気づけの学級づくり』（ほんの森出版）
『〝荒れ〟への「予防」と「治療」のコツ――学級づくりの基礎・基本』（日本標準）

岩下　修

『AさせたいならBと言え――心を動かす言葉の原則』（明治図書）
『国語の授業力を劇的に高めるとっておきの技法30』（明治図書）
『作文の神様が教えるスラスラ書ける作文マジック』（小学館）

陰山英男

『誰も教えてくれなかったクラスを動かす技術！』（学陽書房）
『若き教師のための授業学――学力を伸ばす学級づくり』（日本標準）
『本当の学力をつける本――学校でできること家庭でできること』（文藝春秋）

菊池省三

『コミュニケーション力あふれる「菊池学級」のつくり方』（中村堂）
『小学校発！　一人ひとりが輝くほめ言葉のシャワー』（日本標準）
『小学校楽しみながらコミュニケーション能力を育てるミニネタ&コツ101』（学事出版）

金　大竜

『新任3年目までに身につけたいクラスを動かす指導の技術！』（学陽書房）
『金大竜　エピソードで語る教師力の極意』（明治図書）
『日本一ハッピーなクラスのつくり方』（明治図書）

達人教師15人のおもな著書一覧

佐藤幸司

『スペシャリスト直伝！　小学校道徳授業成功の極意』（明治図書）

『とっておきの道徳授業』シリーズ1～12巻（日本標準）

『プロの教師のすごいほめ方叱り方――先生がほめるほど、クラスがうまくいく！』（学陽書房）

杉渕鐵良

『全員参加の全力教室――やる氣を引き出すユニット授業』（日本標準）

『自分からどんどん勉強する子になる方法』（すばる舎）

『子どもが授業に集中する魔法のワザ！』（学陽書房）

鈴木健二

『授業総合診療医ドクター鈴木の新人教師の授業診断――あなたの指導ここをこう見られている……』（明治図書）

『必ず成功する！　新展開の道徳授業』（日本標準）

『道徳授業づくり上達10の技法』（日本標準）

俵原正仁

『子どもとつながるノート指導の極意』（明治図書）

『なぜかクラスがうまくいく教師のちょっとした習慣』（学陽書房）

『授業の演出ミニ技アラカルト』（小学館）

土作　彰

『絶対に学級崩壊させない！　先手必勝「決めゼリフ」――機先を制するクラスづくり』（明治図書）

『子どもを伸ばす学級づくり――「哲学」ある指導法が子どもを育てる』（日本標準）

『教室に笑顔があふれる学級づくりミニネタ&コツ101』（学事出版）

中村健一

『子どもも先生も思いっきり笑える73のネタ大放出！』（黎明書房）

『担任必携！　学級づくり作戦ノート』（黎明書房）

『つまらない普通の授業に子どもを無理矢理乗せてしまう方法』（黎明書房）

深澤　久

道徳授業改革双書1『命の授業――道徳授業の改革をめざして』（明治図書）

『道徳授業原論』（日本標準）

『鍛え・育てる――教師よ！「哲学」を持て』（日本標準）

深沢英雄

『つまずきと苦手がなくなる計算指導』（フォーラム・A）

『どの子も伸びるさかのぼり指導のアイディア』（小学館）

『基礎・基本「計算力」がつく本――基礎計算プリント付き〈小学校1・2・3年生版〉〈小学校4・5・6年生版〉』（高文研）

福山憲市

『20代からの教師修業の極意――「出会いと挑戦」で教師人生が大きく変わる』（明治図書）

『学級づくり〝仕掛け〟の極意――成功に導くキラー視点48』（明治図書）

『算数科「言語活動の充実」事例』（明治図書）

増田修治

日本標準ブックレットNo.15『先生！今日の授業　楽しかった！――多忙感を吹き飛ばす、マネジメントの視点』（日本標準）

『「ホンネ」が響き合う教室――どんぐり先生のユーモア詩を通した学級づくり』（ミネルヴァ書房）

『笑って伸ばす子どもの力』（主婦の友社）

デザイン●古屋綾子
写真(p.56 , p.96 , p.136)●遠崎智宏
イラスト(p.54)●林幸

※本文中の所属等は2015年3月現在。

子どもを「育てる」教師のチカラ
達人教師の20代

2015年3月30日　第1刷発行

企画・編集　「達人教師の20代」編集委員会
発行者　山田雅彦
発行所　株式会社日本標準
〒167-0052 東京都杉並区南荻窪3-31-18
電話　03-3334-2653〔編集〕
042-984-1425〔営業〕
URL:http://www.nipponhyojun.co.jp/
印刷・製本　株式会社リーブルテック

ISBN 978-4-8208-0586-1 C3037
Printed in Japan
＊乱丁・落丁の場合はお取り替えいたします。